爬坡、越野、馬拉松：
大學生的 時 間 管 理

王淑俐　著

作者簡介

王淑俐教授：自由的教育工作者

學歷：
臺灣師範大學教育學博士

現任：
中國文化大學、世新大學、臺灣科技大學、臺北教育大學、政治大學等校兼任教授

法官學院、國家文官學院、臺北市政府公務人員訓練中心、臺北市教師研習中心、職訓局、各大醫院等講座（主題：職場倫理與行政溝通、情緒管理、時間管理、危機處理與問題解決、師資培訓、情愛溝通、全方位的人際溝通）

經歷：
中國文化大學教育學程中心專任教授兼學生輔導中心主任
世新大學師資培育中心教授兼主任
曾任教：臺北商業大學、臺北科技大學、國立體育大學、清華大學、實踐大學、臺北市立大學、臺灣師範大學
2004 年，辭去專職，成為「自由的教育工作者」
2014 年，籌設「無國界教師組織」，扶助教育弱勢者

授課：
世新大學：情緒管理、溝通與口語表達訓練、人際關係與溝通、情愛溝通
中國文化大學：心理學、社會心理學、青少年兒童身心健康促進
臺灣科技大學：溝通與口語表達訓練、領導與溝通
政治大學：補救教學、生涯輔導、綜合活動領域教材教法、親職教育
臺北教育大學：溝通與激勵、教育心理學

「時間管理」相關著作：

- 《生涯計畫與時間管理》（南宏）
- 《別以為豬都好吃懶做：創意生涯與時間管理》（頂點）
- 《生涯規劃》（龍騰，高中職教科書）
- 《生涯發展與規劃：為職涯發展做準備》（揚智）
- 《生涯規劃》（華興，高中教科書）
- 《與時間賽跑：擺脫瞎忙的 40 個法則》（三民）
- 《銀髮族生活規劃》（空中大學）
- 《掌握成功軟實力：8 個時間管理的黃金法則》（三民）

其他關於人際溝通、壓力管理、情緒管理、職場溝通、親職教育、銀髮族
等系列書籍，已出版逾 60 本。

自序

～時間管理是「一本萬『力』」的自我投資～

「時間管理」一直是我的「最愛」，我已經出版好幾本這方面的書了。當我向總編輯提出《爬坡、越野、馬拉松：大學生的時間管理》一書寫作計畫時，他不免擔憂：

> 需要特別為大學生寫一本「時間管理」的書嗎？
>
> 大學生會買嗎？

我明白總編輯的顧慮！我教過十幾所大學，就算是「教科書」，也得以考試或上課「必用」為由，才能半強迫學生購買，何況……。所以，我鼓足勇氣回應：

> 我要挑戰！我要讓大學生心甘情願去買，
>
> 這是「一本萬『力』」的自我投資。

這個挑戰挺大！但我覺得值得。我願「撥出時間」來說服大學生，催促他們快點開始執行「時間管理」。

書名為什麼要將「時間管理」與「爬坡、越野、馬拉松」相連結呢？不是運動健將的你，看到這樣的比喻也別慌；不是要你成為短跑、衝刺、超級馬拉松的選手，而是要你以時間管理走出舒適圈，擺脫慣用的失敗藉口，想像目標達成的過程就像「爬坡、越野、馬拉松」，得費些力氣調整

呼吸及步伐，激勵自己再堅持一會兒。目標的達成不可能「一步登天」，中間會經歷「爬坡」的氣喘吁吁、「越野」的艱難路況、「馬拉松」長跑的持久戰。將夢想切成多個小目標逐步達成，這樣就能做自己真正想做的事，不再委屈、自卑、假裝不在乎，無奈及茫然的一天過一天。

　　這本書我邀請了政治大學「生涯輔導」課程多位同學一起參與，除了書中出現名字的學生外，還有許多「無名英雄」，是我在其他大學上到「時間管理」單元時的學生，他們對時間管理的疑問或訣竅也深具價值，所以一併融入。

　　時間管理的功效，超乎你的想像與期待！當你失去自信、感到無力時，看看這本書，一定能讓你重新振奮起來（我相信這股心理力量）。你可以先練習一段時間，產生困難或困惑時（「學然後知不足」），我非常願意幫你打通任督二脈（我的信箱是：0827liliwang@gmail.com）。祝福你早日成為時間管理達人，發揮生命的最大效益。

王淑俐

2015 年 10 月

目次 CONTENTS

第一篇

暖身：
為「時間管理」正名

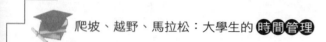

1

必須學習「時間管理」的理由

大學生為什麼需要學習「時間管理」？

一般人（尤其是上一代的父母和師長）通常只看到大學生的消極面，例如：

- 太晚睡覺、早上不起床、睡到中午、不選早上的課（特別是第一堂課）、上課遲到或睡覺、作業遲交。
- 晝夜顛倒、生活作息及飲食不正常，影響健康。
- 花在社團、打工、愛情的時間，高於本分（課業）太多。
- 沉迷網路、視手機如命、終日滑手機，活在虛擬世界裡。

這些總合，形成現代大學生「浪費時間」的不良印象。

 ## 「我還有夢」（I have a dream）

但是，以我曾在十幾所大學專任或兼任教授（現仍有五所），以及經常到各大學為學生演講「時間管理」的經驗，現代大學生「浪費時間」的現象並非真相。從大學生的角度來看，他們與憂心忡忡的父母和師長一樣，也想朝著「積極進取」的方向前進，因為**「我還有夢」**（I have a dream）。現今的社會環境與上一代大不相同，例如：大學聯考窄門拓寬，在高達 159 所大專校院（不含軍警校）的情況下，「一則以喜，一則以憂」；喜的是有足夠機會接受高等教育，例如：2015 年，教育部發布我國 20 歲人口讀大專「淨在學率」為 73%，遠高於美國 52%、英國 39%、德國 26%，憂的是大學受教品質因經費稀釋而不足，以致畢業後面臨低薪及失業的困境。因此，現代大學生勢必要「重新開路」，或將危機當轉機而「老厝翻新」。

暫且不論外在環境的變化，即使自身條件很好，現代大學生多已明白：聰明才智再高、家世背景再顯赫，或考上世界百大的名校，都不是完成夢想的「充分條件」；日後若想成為空服員、到大企業工作、自行創業、改

造社會等，都須有更多的準備。只有夢想不會使人偉大，足夠的「累積」才能百鍊成鋼。

《理論與人生智慧》

　　蘇打綠樂團的主唱吳青峯，演唱自己奮鬥十年寫照的歌曲——〈十年一刻〉（也是由他作詞、作曲）：「可能忙了又忙，可能傷了又傷，可能無數眼淚在夜晚嚐了又嚐。」經由這樣的歷程，才能「換來成長，換來希望」。要圓「一分鐘的夢」，須靠「十年的功聚成燦爛」，想在「生命舞台發光」，「絕不是只會說」。

　　吳青峯知道「圓夢」不容易，除了持續行動，還得撐過無數辛苦與挫敗。吳青峯三十多歲了（1982 年出生），多年來他非常努力；1999 年他創作了第一首歌〈窺〉，高三時得到附中天韻獎。讀政治大學中文系時，雙修廣告系、輔修企管系，讀完了教育學程（現在的師資培育課程）。2004 年，蘇打綠樂團以首張單曲〈空氣中的視聽與幻覺〉出道，2007 年以〈小情歌〉奪得第18屆金曲獎「最佳樂團獎」，吳青峯個人則拿下「最佳作曲獎」。

　　吳青峯的創作靈感不曾間斷，已「累積」上百首詞曲。蘇打綠樂團九成以上歌曲由吳青峯創作，他還幫許多知名歌手寫歌，例如：〈有形的翅膀〉（張韶涵）、〈多希望你在〉（蕭敬騰）、〈這樣的一個麻煩〉（陳奕迅）、〈帶我走〉（楊丞琳）、〈掉了〉（張惠妹）。

　　有些大學生不確定自己的夢想，所以更需要「花時間」反覆自問：

　　　　我的夢想、目標或願景是什麼？

如果答不出來，要再問：

為何不敢夢想？為何找不到目標？

只能完成小小夢想嗎？擔心什麼？

小夢想不算夢想嗎？

近期有什麼目標？

人生目標簿「開張大吉」

不管想到什麼答案，找個本子，在封面上寫「人生目標」或「我的夢想」，「天馬行空」的把想得到的夢想、目標，不論大小都記錄下來。同時，問問家人、同學、學長姐、老師，他們目前或曾經擁有的夢想與目標是什麼？達成了嗎？正在進行或已經放棄了？為什麼？他們的經驗有很好的激勵或腦力激盪效果。為了避免自己的感動及啟發只有五分鐘熱度，聽完後要快快記錄在夢想或目標簿上。

讓我先來「拋磚引玉」、「野人獻曝」吧！說說我突破阻礙、達成人生的第一個夢想的過程。

20 歲時我「決定」在 30 歲拿到教育博士學位，因為在社團我看到不少優秀的教育系學長姐，「很有目標」的朝那條路走。我沒有轉到教育系，仍留在社教系社工組，有空堂就儘量修教育系的課。另外，我還修了國文輔系（為了日後擔任國中國文老師），所以大學畢業時，扣掉每學期體育及大一整年的「國音」、「四書」課程不計學分外，總共修了 196 個學分。

另外，我還擔任過兩年社團負責人，每週有三天家教工作，每週至少兩個半天的社工實習，再加上「不可或缺」的談戀愛

（當時的順口溜：「大一嬌，大二俏，大三拉警報，大四沒人要」），大學生活可謂忙得不可開交！

大學畢業後，我教了兩年國中，然後辭掉教職，以「全時」（full time）學生身分讀完碩、博士班。同時結了婚、生了兒子。30 歲時，終於取得了教育博士學位（主修心理輔導），兒子也即將讀小學一年級。這期間曾因無法兼顧博士班課業與照顧幼兒而想放棄博士夢，幸賴恩師賈馥茗教授教我如何時間管理，才度過了難關。

聰明的你，應該看出來了！吳青峯或我都不只談夢想與目標，也包括提倡「時間管理」的重要。你也會發現，大學生的時間管理，不僅在大學的四、五年期間（有人需要六、七年），還延伸到研究所、職場新鮮人、最初的工作奮鬥期（或是慘跌期），至少要努力到 30 歲。因此，不可輕言放棄夢想！

成功者大都能「把握時間」

多看看別人的經歷會發現，成功者大都「把握時間」，做更多嘗試。失敗者則不明白「珍惜時間」的意義與價值，不知道「時間都去哪兒了」，常錯過「時機」（timing）。我建議可再去圖書館多借些人物傳記回來細讀（在頭腦比較清楚的時候），看過這些名人或偉人的遭遇後，便會覺得：

我可以做的，超過我現在做的。

（I can do more than I do now.）

以教育工作為終身志業的我，會多讀《優秀是教出來的》（隆‧克拉克著，2004，雅言出版）、《教孩子大膽做夢》（隆‧克拉克著，2012，

時報出版）、《第 56 號教室的奇蹟》（雷夫‧艾斯奎著，2015，高寶出版）、《學習的革命》（佐藤學著，2012，天下雜誌出版）、《夜巡老師》（水谷修著，2006，文經社出版）、《創意教出優秀生》（恩雅‧瑞格著，2005，高富出版）等類真人實事、現身說法的好書。他們的經驗及精神，砥礪我再多做些對別人的「好事」，以及超越自我的「大事」。

　　年輕的你，要舉起希望的火炬，讓人生更燦爛，如果可以，要成為別人的「引火人」。當動力不足時，多注意身旁的「夢想家」；先不要質疑他們的夢想能否實現，而是學習那份勇氣與胸襟、膽識與格局。這些「偉人」、「聖人」、「巨人」，甚至年紀還比我們小，例如：伊克寶（Iqbal）、馬拉拉‧優薩福札伊（Malala Yousafuai）。

　　《劃破地毯的少年：伊克寶的故事》（林淑娟譯，2007）一書，描述巴基斯坦童奴的處境，以及伊克寶解救童奴的過程。童奴是來自最貧窮的家庭，父母的收入不足以養家活口，只好借高利貸。隨著超高的利息累積，只好賣孩子去地毯工廠、磚窯廠、礦場等做工還債。童奴每天工作 18 小時，僅能賺得 1 盧比，全年無休也不過賺 365 盧比，折合新台幣不到 150 元。父母借款 20 美金（約新台幣 650 元），工廠主人卻會利用各種繁複的計算方式永遠綁住童奴。

　　伊克寶 4 歲時就當了童奴，當他發現欠債永遠不可能抵消後，在 10 歲時逃走，投入反童工的運動，解救了許多與他命運相同的孩子。1994 年，他獲得「銳步青年行動獎」（Reebok Youth in Action Award），到美國領獎時曾說：「我向你們懇求，請你們幫忙阻止那些強逼兒童成為受束縛勞工的人，因為兒童手裡需要握著的是鋼筆，而非勞工的工具。」伊克寶希望長大後能成為替人民爭取權利的律師，但 1995 年他被謀殺身亡。當時 12 歲的加拿大男孩基爾柏格（Craig Kielburger）讀到伊克寶的報導，決心幫伊克寶實現夢想。他創辦了「小朋友幫助小朋友」的兒童解放組織（Free the Children），在 2002、2003、2004 年均獲得諾貝爾和平獎的提名。

2014年，諾貝爾和平獎獲獎人是年齡最小的馬拉拉，1997年生於巴基斯坦西北部，父親是一名教師，從小就受到良好的教育。2007～2009年，塔利班政權大舉破壞學校設施，嚴禁女性受教育。11歲的馬拉拉目睹一切，興起與之對抗的勇氣。英國BBC電視台想找一名可以在部落格每天發表文章的人，於是馬拉拉化名「谷瑪凱」（Gul Makai），在2009年1月3日刊出第一篇文章。兩年後，她的父母同意她公開真名。英國BBC電視台將她的文章翻譯成英文，馬拉拉立刻受到世界矚目，同時也被塔利班注意。2012年，馬拉拉與同學坐校車時，一名男子上車以槍射穿了馬拉拉的左眼，引起世界震驚。

馬拉拉後來到英國治療，16歲生日這一天到聯合國演講時她說：「恐怖份子以為這樣會改變我的目標，結果正好相反，脆弱、恐懼和絕望已死亡，新誕生的是堅強、力量和勇氣。」馬拉拉接受美國有線電視新聞網（CNN）專訪時表示：「他們只能射殺我的身體，不能摧毀我的夢想。」馬拉拉後來到英國求學，原打算當醫生，但在父親的鼓勵下改為從政。她立志要當上巴基斯坦總理，要把預算直接用在教育上，讓所有孩子都能上學。

充實的一天與一生

時間管理不只讓你「今天充實」，更使你「今生精彩」。為了達成夢想，所以要學習保留更多時間來圓夢。不肯做「時間管理」的人，因達不到目標而放棄夢想，多麼可惜、多麼浪費人生啊！外界常誤以為台灣大學生只想過「小確幸」的生活，其實「長江後浪推前浪」，我們應視大學生為「後起之秀」，將社會責任「交棒」給他們。即使「掉棒」，還是由大學生自己把它撿起來。

「時間管理」不只是口號、原則、態度或自我激勵，更含有實際、具體、正確的觀念與作法，必須經由學習、練習、修正及自我導向等歷程，

找出適合自己、可長可久的模式。「時間管理」要學的不只是「今日事今
日畢」，更是從一天到一週、一個月、一年、五年、十年的時間運用計畫。
不要擔心成功或失敗，時間管理永遠不會拒絕你。

成為時間的主人

　　五月天樂團主唱「阿信」，以及曾是信樂團主唱的「信」都唱過〈如果還有明天〉（劉偉仁作詞、作曲）這首歌。原唱者薛岳（1954-1990）是搖滾歌手及音樂製作人，雖然得了肝病，仍然努力唱歌。肝癌末期時不顧醫師的反對，堅持讓生命發光到最後一刻，在「灼熱的生命演唱會」上演唱了〈如果還有明天〉這首歌。薛岳因為自己沒時間做完想做的事而遺憾，擁有明天的你，是否能把握時間完成它？

　　　　如果你看出我的遲疑，是不是你也想要問我。
　　　　究竟有多少事還沒做，如果還有明天。

　　父母和師長常說：「一代不如一代！」大學生聽了一定感到厭煩及無奈。其實，大學生絕非表面的無憂無慮、不負責。聯考惡夢「終結」後，無論是否進入心目中理想的大學或科系，都已站上社會競爭的「起跑點」。假裝沒有「生活壓力」或看不到「生存遊戲」，只是短暫的逃避或自我安慰，不能一直「裝可愛」或變成「啃老族」吧！

　　大學之前，讀什麼學校、寫多少考卷、趕多少補習、休閒、交友等，大都（或不得不）聽由父母安排。進大學後，父母無法時刻「監督」你（尤其是離鄉背井者），大學課程也不像中學一樣，每天排滿七、八節，而是擁有「大把時間」可以支配，可盡情做想做的事，例如：社團、戀愛、旅遊、單車環島、海外志工或遊學、打工等。

　　但，大學生也不能忘記「該做的事」，例如：專業知能的充實、代表能力的證照考試、未來工作的實習、領導溝通等職場技巧的儲備。即使最單純的「上課」，對於作業、考試、小組報告、畢業製作等，仍要注意完成的「期限」，達到應有的水準。也就是說，**不管是想做與該做、喜歡或勉強的事，都要「平等」對待，一律納入時間管理當中。**

沒有人願意荒廢時光

　　對於大學生，我們要給予更多信任，沒有人想要變得頹廢。以每週五天、白天上課時間約 40 個小時來說，選課時間約 20～30 個小時，課程之間還有空堂，若沒有預先安排，很容易遊蕩及等待虛度。不少大學生覺得自己效率不高、時間觀念不足，不知如何估算一件事所需確切時間，不知如何安排考試複習進度或採取哪些有效的備考行動（如模擬考、讀書會）。一旦時間控管不當，熬夜念書及趕報告的結果效率不彰，身體及情緒也被拖累，成績仍很難看。

　　時間管理的明顯功效是提高效率、有效完成任務，而且有足夠時間做想做的事，並能「聚焦」於目標，增加責任感與積極度，清楚知道自己的下一步及未來方向，遇到困難時能自我激勵，「再試一下」，勇於訂定目標、自我挑戰，獨立自主的安排生活。最後，成為時間的主人，主導自己的人生，生活多彩多姿。

 ## 《校園記者：庭伃》

　　我看過許多時間管理的書籍，內容都蠻相似，例如：不要賴床、訂出時間表、利用零碎時間、別認為自己沒時間等。很多地方我都蠻贊同的，例如：利用零碎時間，以前讀高中時，每天搭公車通勤，如果有位子坐，我會拿出英文單字本或在腦中規劃一天的行程。

　　我試過許多書中的建議，都因沒有持續而失敗，直到驚覺自己又開始「被時間追著跑」，再次輸給了怠惰，因為貪圖安逸而逃避自我責任，這才感到慚愧與驚惶。剛上大學時，曾立志讓自己煥然一新，但現在回頭看，還是一樣走在舒適卻沒有意義的道路上。

對我這種個性散漫的人來說，時間實在很難掌握。最近也在人際關係上吃足苦頭，因為我不會安排時間與遵守約定，老傻傻的答應別人的邀約，然後才發現那天沒空，臨時變卦絕對非常傷人；或一不注意便遲到，浪費別人的時間。這些都不是道歉就能解決的事，套句室友常掛在嘴邊的話：「道歉如果有用，就不需要法律了！」

　　我不喜歡內疚，不喜歡老是低聲下氣的說「對不起」，不喜歡做什麼事都無法如期完成，不喜歡半夜兩點還不能睡覺。更重要的是，我不想認輸，我還有太多想完成的事。

　　現在我將時間管理當作一門需要嚴肅對待的功課，有每日的作業與自我反省。我不想成為有雄心大志卻虛度光陰的無名小卒，要努力過才有資格說後悔。**我不用成為海賊王，但要做個能支配時間的人！**

再忙，也要做對的事

　　時間管理不僅是要找到更多時間，而且是學習有效運用時間（在精不在多，重質不重量）。「更多時間」不一定能換取「更多成就」，若是「小和尚唸經，有口無心」，所做的事沒有與自己的心產生「共鳴」或「共振」，就是浪費時間、白白受苦。反之，即使時間不多，只要非常專注、全力以赴，就能有所體悟、更上一層樓。時間管理的關鍵不在於做了多少事，而在於是否「做對的事」，例如：經常關心別人（包含最親近的家人和知己），及時撥打一通應該打的電話（致謝、致歉、鼓勵）。絕不因太忙而將「部分情感剝奪」，也就是和別人產生疏離感。人不能孤獨的活著，需要別人支持，也要「挺」別人。人際關係只用 Line 或 Facebook 並不足夠，一定要加上聲音、笑容及肢體動作，有真實的接觸！

　　大家總在歲末年初或學期結束時「憂喜參半」：喜的是亂糟糟的一年終於過去，「往者已矣，來者可追」、「新年新希望」，又有重新開始的

機會；憂的是若沒有徹頭徹尾的改變，所有的希望仍是幻想，新的一年依舊會狼狽不堪。如果沒有管理好時間，「東摸摸、西晃晃」，不知不覺的就從大一蹉跎到大四了，到時候只能感慨的唱著：

時間都去哪兒了？還沒好好享受大學就結束了。

打工社團一學期，滿腦子都是宵夜要吃什麼。

時間都去哪兒了？還沒好好看看書眼睛就花了。

夜遊宿營加蹺課，轉眼就只剩下一大片空白了。

　　想做時間的主人，就得從現在開始：寫下自己管理時間的前五大問題或缺失，用心想想，若再不改善，大學畢業後會變成什麼樣子？反之，也要用心想想，最希望達成的前五大目標是什麼？該怎麼去做？「時間管理」非常溫馴，任憑你「招之即來，揮之即去」，而且能「盡釋前嫌」，絕不會責怪你（好像導盲犬啊）。在練習時間管理的過程中，你可以多做「時間實驗」，找出各種能改正缺失、提高效率的作法，即使不順利、不成功也沒關係。其實，按照本書提供的許多訣竅，再排列組合出適合自己的模式，時間管理的效果應會十分明顯。

「時間管理」改變你的人生

多數人都難以擺脫「計畫謬誤」的魔咒，原先想做十件事，往往只做了兩、三件，就沒力氣或興趣繼續做下去（因「半途而廢」是人的通病吧）。「計畫謬誤」是虛妄的自信或自我安慰的結果，其實是很正常的心理。多數人都過度「高估自己」，於是「想得多，做得少」，但累積下來的失敗愈多，心理壓力隨之愈大，自我效能自然降低。若行動的速度趕不上好點子，計畫就成了空想。「光說不練」是浪費時間，遠不如「想得少，做得多」。

《理論與人生智慧》

不凡人士能夠打破「計畫謬誤」的魔咒，說得到就做得到。

德國哲學家尼采（Friedrich Wilhelm Nietzsche, 1844-1900）說：「人因夢想而偉大」（Men are great for the dreams they have），例如：美國黑人民權運動領袖馬丁‧路德‧金恩博士（Martin Luther King, Jr., 1929-1968），於 1963 年 8 月 28 日在華盛頓大遊行時，在林肯紀念堂前發表了一篇演講《我有一個夢想》（I have a dream），希望有一天黑人與白人能和平且平等的共存。

這篇演講促使美國國會通過《1964 年民權法案》，宣布所有的種族隔離和歧視為非法政策。1964 年，馬丁‧路德‧金恩以長期非暴力方法追求種族平等的理想，獲得了諾貝爾和平獎。可惜的是，1968 年 4 月 4 日，馬丁‧路德‧金恩遭人暗殺身亡。之後他獲追贈總統自由勳章及國會金質獎章（美國平民最高榮譽），美國並將每年一月的第三個星期一，訂為「馬丁‧路德‧金恩紀念日」（美國聯邦假日之一）。

金恩博士勇於突破種族歧視，即使知道可能遭遇極大的危險，仍不放棄夢想。可惜多數人是「思想的巨人，行動的侏儒」，所以不能成為偉人。

「時間管理」能協助解除「計畫謬誤」的魔咒，使點子與行動相輔相成、攜手同行。學習時間管理就是為了增加執行力，之後的人生將會大大不同。以下所描述的改變，你現在可能不信，但我仍要大膽「預言」，希望你學會時間管理後，再回頭「印證」。

時間管理讓你脫胎換骨

之前，你賴床、爬不起來，總覺得沒睡飽，「早起」是不可能的任務（也不知道早起要幹什麼），每天幾乎過著沒有早上的生活！**學會時間管理之後，你能睡到自然醒（睡足 7 小時），喜歡早起（至少 7 點以前）**，每天都能享用早餐，接著「排便順暢」。早上有許多時間可以做「重要的事」，覺得生活有目標、好充實。

之前，你熬夜（什麼事都「推」或「堆」到夜裡才做），極少在凌晨 12 點前上床睡覺。但從睡眠擠出時間來工作（work hard），會造成睡眠不足；長期的「部分睡眠剝奪」（partial sleep deprivation），會使工作成效下降、影響身心健康。**學會時間管理之後，為了儲存足夠的體力（及健康的肝臟），晚上 11 點左右就會上床睡覺**，歡喜的等待彩色明天的到來。

之前，你過一天算一天，不敢想太多，覺得一切已成定局，努力可能白費。不敢計畫，因為計畫永遠趕不上變化。不敢樂觀，以免陷入更深的沮喪與失望中。較憂慮、容易放棄，工作成效與心情容易大起大落。**學會時間管理之後，你能找回自己的選擇權，讓自己更正向、更有能量**，成為實踐家而非幻想者。你樂觀，以「利他與助人」為目標，擁有真正的快樂；你開朗，勇於嘗試，工作成效與情緒一樣的穩定成長。

之前，你的口頭禪是「沒時間」，卻投入大把時間在網路世界中，瓜分掉學習、睡眠、運動、人際互動的時間，造成視力減退、注意力不集中、溝通能力變弱、親子疏離等。**學會時間管理之後，你能反思及自我約束，有效管控使用網路的時間，能為了達成目標而暫時戒除 Facebook**。你發現

自己比想像中有更大的進步空間，愈來愈常說：「我不忙！我有時間！」

之前，你不喜歡運動、不在乎體重，覺得能吃就是福、歡樂在今宵。以為生病與青春相抵觸，完全不必注意養生之道。**學會時間管理之後，你熱愛運動、天天量體重、控管飲食，**你知道真正的健康一定要從年輕開始打好底子，願意付出時間與耐心，為未來的身心健康負責。「我的健康，靠的可不是基因，倚賴的是長久以來建立的良好生活習慣。」已經 84 歲的台灣最賺錢企業的「半導體教父」、台積電董事長張忠謀先生，在多次與大學生演講時，第一條的忠告永遠是：「從年輕時就要養成一個終生的、健康的生活習慣。」他每天早上 5 點半到 6 點之間起床；晚上 10 點準備上床，11 點入睡。從 20 歲起，便謹守這個運行的節奏（楊惠君，2015）。

之前，你不訂目標、不談理想，覺得「現在」能把自己顧好就行了，「將來」的事等「到時候再說」（最後變成「永遠不說」）。**學會時間管理之後，你的時間能與設定的目標緊密結合，**不再將時間浪費在無謂的地方。你知道要儘快找到自己的「優勢能力」，然後放入最多時間「勤練」；相信即使自己不是最有才華的人，夢想仍會有實現的一天。

「時間管理」觀念的進化

不少人對時間管理「沒有好感」，覺得那是某種「機械化的規則」，會使生活變得很緊張，得不到放鬆及休閒。其實，小歇一下及度假也在時間管理的範圍內，為了維護及提升生活品質，需要規劃較長的假期，讓自己真正放心、放下。崇尚自由的人會覺得時間管理讓人拘束，誤以為只是追求速效與極限，不注重長遠計畫；或過度在意目標與成功，使人變得自我中心與功利主義。其實，成功不應只是自利，「成就動機」與想影響別人的「權力動機」，不在於滿足個人的慾望、造就個人的名望，更是為了有能力幫助弱勢者，帶給別人幸福。

　　另一類的時間管理反對者，自認執行力及效率都沒問題，所以不需要時間管理這種「形式」。但儘管他的短期「爆發力」十足，若「續航力」（持續及遠見）不足，也不算懂得時間管理。就像越野賽跑，若一開始就「跑太快」，往往難以「走遠路」（「路遙知馬力」），不是在半途用盡力氣，就是愈跑愈慢（所以贏在起跑點不一定最後能贏）。**時間管理能使你維持工作的動機與能量，做事有始有終，而且愈做愈好。**

《理論與人生智慧》

　　史帝芬‧柯維（Stephen R. Covey, 1932-2012）將時間管理的理論演進，分成四代（顧淑馨譯，2005，頁127-150）：

　　第一代：著重利用便條紙與備忘錄，在忙碌中調配時間和精力。

　　第二代：強調行事曆與日程表，注意「規劃未來」的重要。

　　第三代：講求「優先順序」，依據輕重緩急，訂定短、中、長程目標；接著，再逐日訂定實現目標的計畫，將有限的時間、精力加以分配，爭取最高的效率。

　　第四代：關鍵不在時間管理，而在「個人管理」，將重心放在產出與產能的平衡上。

　　柯維認為第四代管理比第三代高明之處有五（顧淑馨譯，2014，頁203）：

1.以原則為重心：從重要性與效能來看時間。

2.以良知為導向：依內在價值來安排生活。

3.定義你的獨特使命：包括內在價值與長期目標。

4.平衡你的生活：平衡發展生活中的各種角色。

5.為一週行程安排帶來更豐富的意義。

柯維將事情按照「重要」和「緊急」程度分為四類，如下表所示：

	緊急	不緊急
重要	第一類事務：「重要且緊急」 ・危機 ・急迫的問題 ・有期限壓力的計畫	第二類事務：「重要但不緊急」 ・防患未然 ・改進產能 ・建立人際關係 ・發掘新機會 ・規劃、休閒
不重要	第三類事務：「不重要但緊急」 ・不速之客 ・某些電話 ・某些信件與報告 ・某些會議 ・必要而不重要的問題 ・受歡迎的活動	第四類事務：「不重要也不緊急」 ・繁瑣的工作 ・某些信件 ・某些電話 ・浪費時間之事 ・有趣的活動

柯維建議：捨棄第三、四類「不重要」的事務，節制第一類「重要且緊急」的事務，投注更多時間在第二類「重要但不緊急」的事務，才是「個人管理」之鑰（顧淑馨譯，2014，頁 129）。有遠見、理想、平衡、自制，較少有危機發生，其前題是要先分辨自己常做第幾類事務，才能真正節省時間。要改為正確的方式，先選擇做第二類事務，例如：未來的工作計畫、建立人際關係、主管交辦或某些別人請託之要事、人員培訓、制訂防範措施、清理辦公桌、布置辦公室等，這樣才能增加效率與效能，與熱情、自信形成良性循環。

重要的事務要在不緊急的時候做，才能避免或減少第一類「重要

且緊急」的事情，例如：客戶投訴、即將到期的任務（含主管交辦事務）、財務危機等。

　　從前的時間管理觀念是儘可能把一天延長，從 25、26、27 到 28 小時，愈長愈好。擁有更多時間或加快腳步，才能做更多事。現代的時間管理原則是：珍惜每天寶貴的 24 小時，運用它做「對的事」。以柯維的理論來說，工作的排序或心法是：

- 先做且多做第二類「重要但不緊急」的事務。
- 減少第一類「重要且緊急」的事務。
- 儘量不做第三類「不重要但緊急」及第四類「不重要也不緊急」的事務。

判斷及決定如何做某些事

　　如何指揮自己去做該做的事、或不做不該做的事？何事先做、何事後做？何事多做、何事少做？這個「指揮者」就是你自己。時間管理觀念演進到今天，重點即在「自我管理」。大學生如何判斷自己是否選對了事？哪些是第一、二、三、四類事務？應該去做或不做哪些事？請以下面十題來練習（答案請寫 1、2、3、4 代表四類事務，若無法選擇，可寫兩個答案以上）。

　　（　　）1. 同學約你一起吃午餐。

　　（　　）2. 學長姐邀你參加一個系上的活動。

　　（　　）3. 高中同學約你跟老同學們一起聚餐。

　　（　　）4. 看到校園海報有一場很感興趣的專題演講或座談。

（　　　）5. 想競選社團的下一屆負責人。

（　　　）6. 有一門課自己覺得很重要，雖然大多數同學都不想修。

（　　　）7. 打電話跟家裡報平安。

（　　　）8. 利用學校的游泳池運動。

（　　　）9. 想轉系或選擇輔系、學程。

（　　　）10. 想早睡早起，使生活作息正常。

參考答案及原因：

1.（2、4）。

　　選2是因為你幾乎都獨自吃飯，應該「終結孤單」、別再拒絕友誼了。以後不僅要多跟朋友用餐、與多些朋友共餐，也要主動約朋友聚餐。

　　選4是因為你常與朋友共餐、談心，今天有別的事要忙或因午餐時間你想獨處、午休，所以拒絕朋友的午餐邀約，但晚餐就沒問題啦！

2.（2、4）。

　　選2是因為你幾乎不參加系上活動，這不利於團體認同感或自己的未來發展，應多參加活動，多與系上老師、學長姐接觸。

　　選4是因為這個電影欣賞會的電影你已經看過了，所以不去。但多半時候你會以行動支持這類活動，也常參與系上事務。

3.（2、1）。

　　選2是因為你應該多花時間維繫友誼，一年一度的同學會就是很好聯絡情感的機會。

　　選1是因為他們臨時才通知你，所以你急著趕過去。但若實在有其他要事，只能誠懇道歉、下次再參加！

4.（2、3）。

選 2 是因為你不想錯過那麼好的講題或講者，你喜歡聽演講，這是快捷學習的方法之一。

選 3 是因為其實它只是受歡迎的活動，雖然以後不一定有機會參加，但錯過了也沒什麼關係。

5.（1、2）。

選 1 是因為你對這個社團很有熱情，很想擔任領導者，發揮你的才華與影響力。

選 2 是因為就算選負責人落敗，你還可以擔任幹部，繼續參與社團活動、貢獻己力，或等下屆再選一次。

其實這一題還可能選 3 或 4，因為你可能並不是真正想當社團負責人，或其實你已經參與別的社團且擔任幹部，實在沒空檔再擔任社團負責人。

6.（2）。

選 2 是因為你想堅定自己的主見，不輕易受同儕影響。相信自己原先的認定，這門課對自己的未來很有幫助。

7.（2、1）。

選 2 是因為這是為人子女的本分，家人關係是最需珍惜的人際關係，不要因為親密而產生怠慢的心。

選 1 是因為你已經有一段時間沒與家人聯繫，開始受到良心譴責，再不打電話……。

8.（2、1）。

選 2 是因為你懂得運動（以及游泳池）的價值，嚐到運動使你身心健康的甜頭，把運動當成生活中不可或缺的大事。

選 1 是因為再不減重的話，後果⋯⋯。

9.（2、1）。

選 2 是因為這件事很重要，一定要提早計畫與充分準備，否則至少會浪費一年的時間。

選 1 是因為你已經快錯過申請轉系、輔系、學程的期限了。

10.（2、1）。

選 2 是因為你真是與眾不同的模範青年，與張忠謀董事長年輕時一樣，所以可以預測將來也是成功人士。

選 1 是因為再不早起，蹺課的結果是你會被「死當」。

爬坡、越野、馬拉松：大學生的 時間管理

5

分清楚事情的輕重緩急

　　一般人很容易被緊急的事追著跑，卻未「判斷」那些事是否真的重要、值得去做。愈忙的時候愈要冷靜，甚至暫停一下，並非所有事情都一樣重要或有時間去做。平時就要訓練這種判斷力，清楚排出事情的先後順序。若有十件事，如何從第一排到第十？因為每天的時間有限，一定要先做「重要的事」；但「先做」不等於「快做」，若今天只能做完五件事，後五件事就挪到其他時間去做，甚至可以捨棄不做。時間管理不是為了快點做完「所有的事」，而是保留足夠時間做「重要的事」。

《理論與人生智慧》

　　80／20 法則是 20 世紀初義大利統計學家、經濟學家維爾弗雷多・帕累托（Vilfredo Pareto, 1848-1923）所提出，是指在任何特定群體中，只要能控制具有重要性的少數，即能控制全局。若將其放在時間管理上，就是應把 80% 的時間放在 20% 的最重要事情上。

　　80／20 法則不僅在經濟學、管理學領域應用廣泛，對我們的自身發展也有重要啟示。我們應學會避免將時間和精力花在不重要的瑣事上，因為個人的時間和精力有限，想「做好每一件事情」並不可能，要學習合理分配寶貴的時間和精力。面面俱到不如重點突破，把 80% 的資源花在能產出關鍵效益的 20% 上，這 20% 就能夠帶動其餘 80% 的發展。

　　80／20 法則能幫助你改變思想與行為，把注意力集中到最重要的 20% 之事情上，行動的結果是使你「以少獲多」。但你必須不斷自問：20% 憑什麼能影響或產生 80% 的效果？

　　大學生要如何判斷哪些是對自己最重要的 20% 之事務，需要排在最優先的位置？「標準」有二：眼前、未來。「眼前」是指，決定今天或本週的時間要如何運用，而非被動等待別人告訴你做什麼，或隨性想到什麼就

做什麼；而「未來」這項標準，對大學生而言雖然「時間還早」，卻是判斷事情輕重緩急的「大考」，若不過關就會「死當」，例如：懷疑所讀的科系是否適合自己，就很難專心一意的學習；就算確知不適合，但可能還沒找到適合自己的科系，就算找到了，也未必能如願「轉系」（不少學生還想「轉校」）。這樣的矛盾與痛苦，若未獲得平衡或消除，不僅蹉跎大學四年時光，將來謀職與就業也會重蹈覆轍、惡性循環，加起來就浪費了十年的黃金歲月（18～28歲）。

 《校園記者：岱蓉》

在自由的大學生活裡，可以自主安排時間；但，如何在有限時間內做重要的事？如何善用時間？即是每個大學生都需要注意與學習的事。

我們並非超人，不能什麼事都想做。運用時間的最重要原則是：「時間花在刀口上」——確立及聚焦自己的理想與目標，分清楚事情的輕重緩急。

上大學後，阿海決定好好充實自己。大二時他申請了雙主修與輔系，並擔任社團幹部，還兼了兩份打工。即使如此，阿海仍是系上成績優異的「卷哥」（拿獎學金、獲書卷獎的人）。

小光非常羨慕，決定仿效阿海，但發現自己沒辦法適應這樣緊湊的生活步調，最後搞得焦頭爛額。小光只好保留自己想修的法學課程，其他則暫時捨棄。

其實，並非阿海比小光優秀，而是每個人都該清楚認識自己的需求與能力，才不會盲目付出，不僅超出自己身心所能負荷，而且可能白費力氣。小光一味的仿效阿海，沒想到自己並不適合這樣的生活，這就是浪費時間。每個人只要好好了解自己，安排最適合的生活方式，就能將24小時的效益發揮到最大限度。

找到「少即是多」的 20%

如果弄不清楚自己能做什麼、想要什麼，如何做好時間管理？因此，大一最重要的任務是確定大二以後的動向，不論是繼續讀本系、轉系、雙主修、輔系、修學程、當交換生等，都要先行準備，而不能以迎新舞會、聯誼與社團活動等玩樂為優先，否則到了大二要轉系或申請雙學位、輔系等，會因沒有足夠準備（包含學業成績、職業探索、性向或興趣測驗），而不得不接受自己不想要的人生。

即使大二想轉換跑道卻失敗，也別氣餒或放棄。能「感覺到」自己該選擇什麼，就已非常幸運。轉不成也不一定不好，也許代表「轉系」並不是最好的選擇。而且大三、大四甚至到大學畢業之前，都還可以「再決定」或「開拓」第二人生，例如：報考國內外研究所，申請學士後學分班、第二專長學士學位或學程等。從前只有「學士後醫學系」、「學士後教育學分班」，而今各大學開設的學士後班別很多，例如：法律、醫學、護理、運動健康產業、財務金融、航運技術、技術劇場、智慧財產等，可謂應有盡有。

未來的就業範圍，除了本系之外，還可將自己變成「多職人」，同時從事多種行業，例如：28 歲的洪建全，大學法律系畢業後考取律師。三年後，喜愛旅遊的他又考取英語導遊和英語領隊證照，同時他也是桌遊設計師，出版過兩套桌遊。他覺得律師是很競爭的行業，需要學習各行各業的知識；報名證照考試是學習新知很棒的方法，能邊充實自己，邊透過考試來驗收成果。未來他還計畫報考不動產經紀人證照，讓自己更上一層樓（馮靖惠，2015b）。

6

找到未來想做的事

　　決定未來，靠的是「感覺」還是「思考」（哪個該多一點）？若只依靠「思考」，知道所讀的科系在未來容易找到工作，就會委屈自己忍耐討厭的科系。反之，若你很喜歡目前所讀的科系，大家卻擔心你將來找不到工作，該怎麼辦？從大學開始，就要不斷自我探索，自己到底能做什麼、想做什麼，先穩住自己的腳步、堅定自己的立場，同時還是要繼續自我開拓，不要自我設限、自我封閉。

　　據教育部統計（陳智華，2015），103 學年度的大學延畢生將近五萬人（除了大學生，還包括研究生及專科生），占畢業生的 13.8%，且男性多於女性。在 90 學年度時，延畢生就有三萬多人，逐年增加至 98 學年度超過五萬人。「延畢」多是為了雙主修或輔系，或是修教育學程、學分學程、去國外當交換生等。出國或學習第二專長，可增加見識與職場競爭力，若為此而延畢，不算浪費時間。不少學生到了大三或大四，才發現自己真正的興趣，毅然轉系或跨領域學習而致延畢，仍然算是值得的事（目前有些大學乾脆取消畢業年限）。

理想人生的地圖

　　所以，讀大學的觀念也需演進，絕非聯考分發即代表命運底定。重要的不是考上什麼大學或科系，而是對你而言是否為最重要及優先的科系。如果不是，換條路是必須的，多花些時間絕非浪費（還包括與父母和師長多溝通與商量）。但未來想做的事不一定只與所讀的科系有關，下列管道可以協助我們澄清或確認自己的人生道路。

A. 觀察或請教老師及學長姐

　　不論課業、才藝、溝通與領導能力等的成長，如果能尋求或接受老師或學長姐的建議與指導，都能快速的開拓視野與突飛猛進。

B.聽聽系上或學校舉辦的專題演講

也許只是一次聽演講的「偶然」機緣，演講主題或演講人就可以讓你找到未來想做的事，甚至直接找到工作（有人因擔任演講人的「助理」，而接受演講人的栽培）。

C.參加校內外的社團

即使是半強迫（或被誘導）而參加社團，都比沒有參加社團來得好。我非常感激當年讀大學時，語言研究社（類似演辯社、說話藝術社）的社長張新仁學姐（現任國立台北教育大學校長）「帶領」我進入了社團。也許是因為當時我得到校內歷史故事講述比賽第一名，所以社長學姐賞識我吧！以我當年的「淺薄」，根本不知道參加社團會翻轉我的命運。我只「計較」要交多少社費，在乎能有什麼「回收」。結果，收穫確實非常「驚人」，例如：認識許多課業、才藝、品德都屬「神人級」的學長，得到學長姐傾囊相授的絕技，被培訓為演辯選手，還被訓練成社團負責人。而且課業成績大幅進步，**讓我能玩樂也能讀書，擁有「雙贏」的大學生活。**

社團與「未來想做的事」產生關聯，主要是增加了我的專長（及收入）。而今我除了擔任大學教職，還能做的工作如下：

1. 因為參加演講比賽要寫演講稿，精進了寫作能力，所以能出書。
2. 因為代表學校參加超過十次演辯比賽（都有得名），精進了演講能力，所以能專題演講。
3. 社團課程雖不計學分，但說話藝術方面的學習，開拓了我的授課範疇，所以能教授「教師說話技巧」、「領導與溝通」、「口語表達訓練」、「全方位的人際溝通」等課程。

D.擔任海內外志工

有一天早上，我在報紙頭版看到一個熟悉的面孔，是我從前在中國文

化大學「教育學程」任教時的學生，標題是：「台東池上國中教導主任詹永名，幫弱勢學生『數學2分變96分』的教育傳奇」。原來是教育部表揚國中小補救教學績優團隊和學生楷模，池上國中九年級學生溫俊惟從拿椅子摔老師的「校園小霸王」，到上課睡覺、成績倒數第一名，常蹺課在校園閒逛，因為詹永名主任的認真上課、努力搞笑，竟意外翻轉了他痛苦的數學經驗。

「富二代堅持當老師，扭轉偏鄉孩子命運」（楊昭瑾，2014）。詹永名主任是「富二代」，因為他的台商爸爸很會賺錢，他是獨子，每年營業額過億的環保科技家族事業等他繼承；他還開著與周杰倫《頭文字 D》同款的百萬大紅跑車，非常「吸睛」。當時，我立刻打電話跟他聯絡，一面賀喜，一面邀他合寫「補救教學」專書。以下是我引用詹永名主任的「第一手資料」，說明他選擇到偏鄉任教近20年的緣由。

《理論與人生智慧》

從志工到志業──詹永名偏鄉任教20年的緣由

「接下來，讓我們請來自台東金崙部落的戴傳道，為我們報告幾件事情⋯⋯」

教會每年總有弱勢團體來募款，但這一次不一樣，戴傳道不是來募款的，他想邀大學生在暑假到部落教會看看，住上二星期或一個月，給部落孩子輔導暑假作業，也為他們上上主日學。那年，我大學一年級，沒去過台東，抱持著旅遊的心情，我報名了。這個決定居然影響了我之後的17年，直到今日⋯⋯

南下的第一天，清晨6點開的自強號火車抵達台東站已經12點多，輾轉換車到金崙站，再由教會宋長老開貨車送我們到部落教會，已是下午4點了，剛好是準備晚餐的時候。是的！整個營隊的三餐是要自理的。按照營隊學長的說法：「服務性營隊除了要給部落最大的幫助，更要給當地人帶來最少的麻煩。」這項原則也是影響我日後辦

理各類活動最重要的依據。

接下來，每個人都必須學會騎打檔車，以利外出採買；每個人都要輪流負責洗衣服、烹調三餐、排演聖經故事、規劃課程、家庭探訪與設計才藝活動，每天都忙到半夜12點才能休息。負責隔天上午早餐的小組，還須在清晨6點前準備好餐食。

這些都不是最大的挑戰，因為教會還在興建中，每日盥洗必須到學生家中借用。按照營隊學長的說法：「這是一項感謝神的大好機會，我們可以順便了解學生的家庭狀況，再拿回營隊分析要怎樣給予最大的幫助。」

那一天，彼得邀請我到他家盥洗。一進門就有一股不尋常的氣味撲鼻而來，我看到門邊一整堆待洗的衣服，就自告奮勇要教他怎樣使用洗衣機（雖然我根本沒用過洗衣機）。當彼得帶我到後門，看到一台可能比我年紀還大的破舊雙槽洗衣機時，我放棄了。我轉而問他：「晚餐吃了沒？我可以煮飯給你吃。」這幾天下來，我至少學會了一些簡單的烹飪。

到了廚房，翻開鍋蓋，那是我看過最不可思議的景象——一大鍋絕對超過三天的泡麵，這是他的晚餐？還是爸爸到外地工作後，他天天的晚餐？我們的社福單位出了什麼問題？或這是整個偏鄉部落的常態？這裡是台灣，還是世界哪個落後國家？為什麼會有這樣的事情發生？

我根本忍不住淚水，但我知道如果讓他看到，只會讓他更尷尬與自卑。我裝作沒事，告訴他因為時間來不及了，我們等一下到教會溫習功課再一起吃晚餐。我紅著眼眶，有不捨更有憤怒，這樣的事情怎麼會在號稱豐衣足食的福爾摩沙發生？這不是偏鄉的問題，這根本是基本人權的問題。

E.爭取海內外企業實習

這部分很重要，有愈來愈多的企業，希望大學畢業生要先有與工作相關的實習經驗。以我自己大學的本業「社工」來說，社教系非常注重實習，我總共實習過的地方有：啟聰學校、啟明學校、勵馨基金會、長安社區、台北市少年法庭等。尤其是大四那一年，每週固定去少年法庭兩次（每次幾乎都一整天，還有一次是週末）。

現在的大學生還可到海峽對岸或其他海外機構實習，由於文化衝擊與國際競爭，會使自我的成長更為顯著，包含：國際觀、語文能力、建立自信、自我負責、人際相處、團隊合作、創新思考、解決問題等。《Cheers》雜誌（2012）公布的「企業決策者最愛的大學畢業生」調查，是由八項指標組成：「專業知識與技術」、「穩定度與抗壓性」、「解決問題能力」、「團隊合作」、「學習意願與可塑性」、「國際觀與外語能力」、「創新能力」，以及「融會貫通」。這些都可在海內外企業實習中獲得，所以要努力爭取實習機會。如果系上或學校沒有安排，就要自己主動尋找（可先上網查詢），或依靠老師的人脈。

F.報名各種動靜態的競賽

不論以個人或團隊為名，要多報名參加各種動靜態的競賽，不管得名與否，都能使你「遇強則強」、激發潛能。我當年因為家境貧寒，為了獎金而參加過不少比賽，為了賺到吃飯的錢而必須求勝。但光憑「鬥志」是不夠的，教練、隊友及競爭對手，才是使你成功的真正貴人。

G.旅行與冥想

旅行是給自己更寬裕的時間和空間，讓內在自由的開展。因「潛意識」的運作，讓你知道未來到底要做什麼，有時間去「編織夢想」。沒有人一開始就是偉人，要先承認自己平凡、懦弱、缺乏意志力，這些弱點或缺陷都不能剝奪你擁有「補夢網」的權力。不要被偉人嚇著了，他們也是從「I have a dream」起步的。

H.多去幾趟學校的相關職涯輔導單位

各大學均設有生涯或職涯發展中心，內聘專業的「職涯諮詢顧問」（受過專業訓練而取得證書）。各科系也設有「生涯導師」，由專任教師兼任或另聘專職人員協助學生生涯規劃。有些大學還設有「學生學習中心」（例如：輔仁大學），能幫助你擁有更多自我充實或職能訓練的機會。這些地方大學生應該多去幾趟，善用大學這部分免費的資源。同樣是繳學費，千萬別錯過大學豐富的軟硬體設備。

I.參考父母經驗或繼承家業

你也許納悶，為什麼這個方法的順位放得這麼後面？因為，父母「愛之深，責之切」，容易引起你的反抗（雖然事後證明他們通常是對的）。有時親子距離太近，「當局者迷」，反而不容易了解子女。或因父母太愛你，捨不得你吃苦、冒險，所以建議你打「安全牌」。不少人在外面闖蕩多年後，還是選擇回去繼承家業，所以不要排斥這個選項（與遺傳基因）。

J.去圖書館

還有一個最不麻煩、效果卻可能最好的方法，就是「去圖書館」、「去圖書館」、「去圖書館」。對！我只說一遍，但因為太重要了，所以我盡全力「大聲疾呼」，另外兩次重複的是「回聲」（不是冷笑話）。相信我！你的任何疑問，都可在圖書館找到答案。

別再懊惱過去

　　如果你因過去遭遇過的某項挫折或失敗而耿耿於懷，一直振作不起來，就有必要糾正一下你的「時間觀念」。「時間」是什麼？孔子說：「逝者如斯夫！不舍晝夜」（《論語・子罕》）。一般人想到時間流逝，就彷彿美好事物的消失而有「失落感」，所以拼命想要「凍齡」、留住青春；但對於痛苦的回憶，又恨不得壓進潛意識，使它永遠不再浮現。無奈情況恰好相反，美好的事物易消逝，痛苦的回憶卻如創傷症候群會反覆出現。

　　孔子提醒我們「時間不等人」，它是現在進行式及過去式。時間如流水，指的是時間的銜接及連續性不是中斷、不相連的。時間流逝也代表積極的意義──「累積」與「發展」，否則就沒有「失敗為成功之母」、「聚沙成塔」這些智慧語錄。

　　失敗或挫折有其價值，甚至更有價值。不必逃避或刻意遺忘，反而可以善用挫敗經驗從中成長，不僅自助更能助人。

《理論與人生智慧》

　　潤泰集團總裁尹衍樑捐助新台幣 30 億元創設「唐獎」，又捐了 1.2 億協助文化部推動「台灣文化光點計畫」，還重申將「裸捐」95%的財產（約950億元）供作公益。他受人矚目的不是成功的事蹟，而是他失敗的過程。他接受《今週刊》專訪時（周啟東、黃玉禎，2009），直指自己的一生就是在挫折、失敗、犯錯當中成長。他說：

> 　　我年輕的時候是很荒唐，本來是不良少年，14 歲～16 歲半是在感化院度過的。在那裡，沒有人把你當人看！只有極少數的人會鼓勵你、善待你、尊重你。

　　後來他轉入成功高中夜間部，再考進中國文化大學史學系（以最後一名畢業）。26 歲進入社會後開竅了，考進台灣大學商學院研究所碩士班（重考過一次），再取得政治大學企管學博士學位（也是重

考）。後來他以數十篇論文、著作及逾百項專利發明，成為台灣大學土木系及博士班的教授。他不會羞於提起自己的挫折經驗，反而覺得應該說出來，使別人免於受同樣挫折的影響，也就是「不重複類似錯誤」。尹衍樑並不因失敗而喪志，他說：

> 我沒有因為失敗而倒下，省思之後更加努力，避免犯同樣的錯。我犯了比任何人更多的錯，但我會從當中記取教訓，避免重複的錯。

化悲憤為力量

有些大學生因為聯考「失常」（或「失望」），考進了自覺不理想的大學或科系。一想到自己所讀的學校，就垂頭喪氣甚至「懷憂喪志」，很難「面對現實」（face to fact），不想接受它，更難將自己轉回正向的心態。如果你不能認同自己的學校，如何高高興興的求學？如果你「知覺」到別人看不起你（不管是真是假），要做的絕不是改變別人的反應，而是儘快改變自己的知覺。因為，不管考上什麼大學，你仍然是你，只要願意繼續努力，未來都會成功。**也許不是名校出身而有成就時，別人反而更佩服你。**或許現在你不以學校為榮，但將來學校會以你為榮。

過去不會消失，有過去才有現在及未來。「時間管理」的精髓在於：「過去」、「現在」、「未來」三者密不可分，無法區分也不必切割。在我們思考或說話的當下，現在已成過去，未來就是現在。若懊惱自己過去不夠努力、蹉跎時光，愧疚是應該的，自責就沒有必要，應從現在開始創造不再懊惱的過去與未來。學習尹衍樑的精神，不因失敗而倒下，避免之後再犯同樣的錯，而且對人坦然說出自己犯過的錯，希望別人借用自己的經驗，避免重複的錯。

　　沒有過去的努力，就不會產生現在的快樂。因為未來充滿希望，所以願意現在開始努力。時間不是今天或現在，還包括昨天及明天。專注於今天、活在當下，不等於否定昨天或不顧明天。更何況，「專注」也不是理所當然的本能，而是時間管理當中需要勤練的功課。

　　能時時刻刻專注的活著，是很深的修行。就從接受你過去的挫折或失敗開始練習吧！把它當成「此時此刻」，然後專注的面對它，找出它對你的意義與啟發，例如：

- 去除比較的心理，失敗不是因為比輸了。去除完美主義的不合理信念，完美是永遠達不到的境界。
- 挫折或失敗產生的痛苦，比成功或順利有更豐富的意義（因為感覺與印象更深刻）。
- 「生於憂患，死於安樂」，挫敗時反而可能是安全的。為了從挫敗中重新站起來，要更有目標及活力。
- 公平的對待成功與失敗，不應該只歡迎成功而拒絕失敗。我們期待成功，但更該與失敗做朋友。

高興的去做自己不喜歡的事

有一年，國中基測的作文題目是：「夏天最棒的享受。」國中生多半寫的是吹冷氣、吃冰棒、游泳等立即能消暑的物質享受，較少人從精神層面思考。與上一代相比，從前沒有這麼多物質享受，所以消暑方式大不相同。其實，大人也快忘了昔日「心靜自然涼」的境界。現代的孩子大都不能忍受一點的不舒服或挫折，如何讓他們知道「夏天必然熱」、要練習忍受高溫的道理？孩子不管在家裡或學校，一進門就開冷氣，走的時候又不關。冷氣吹慣了就更加怕熱，一出門就受不了，因此更不想外出。

《理論與人生智慧》

　　到底要如何引導孩子享受夏天，進而懂得享受人生呢？我把這個疑惑丟給恩師賈馥茗教授，她說：

　　　　這個題目出錯了，人生不光是來享受的，總有一個做人的義務，因而要付出心力、勞力，這些剛開始都不算是享受。除非你能從必須的活動中體會到樂趣，才算享受。

　　　　除了吹冷氣、吃冰棒、游泳之外，夏天可以享受的項目還很多，例如：看書、做點手工或機械活動、擔任義工等。只要對自己可以增加經驗或能力，對別人最低限度沒有妨礙的都可以。選擇一項活動後，這個活動到底是不是最棒的享受？就要看自己是否覺得有趣。

　　　　「有趣」不是一下子就能決定的，因為趣味往往不會一開始就有，必須接觸一段時間後，若還願意繼續做下去的事，就能產生更高的興趣。因為人格特質的不同，所以每個人覺得棒的事情也不同。

　　　　真正的享受是自己的心領神會。即使做完了很累，仍覺得快樂，不會覺得懊惱，而且慶幸自己幸虧有這件事，才能體會到真正的快樂。也就是從「必須做卻不喜歡」，變成「必須做也喜歡做」的一段心路歷程。

⊕ 必須做也喜歡做

對大學生來說，哪些可能是「不喜歡卻必須做的事」？舉例如下：

第一是準時上課、不能蹺課：尤其是早上 8 點的第一堂課，大學生通常難以早起，若還加上通勤時間，早上 8 點準時上課，根本是不可能的任務。

第二是遵守上課的「規矩」：也就是不能進食、不能睡覺、不能分心做其他的事，尤其是不能「滑手機」。若已經手機成癮或有手機焦慮症（手機不在身邊就坐立不安），不能滑手機也是一項不可能的任務。

第三是要達到課程的要求或品質：不論是個別作業或團隊合作，做不好就得重來。為了學生自己及社會的福祉，老師一定得堅持，但對不少只求過關的學生來說，一樣是不可能的任務。

第四是不能隨意放棄課業：雖然現在的選課規則可以「期中棄修」，還是應該再試一下，而非不喜歡就捨棄。選課時必須慎重，半途而廢也是浪費時間，何況必修課程是不能拒修的。

身為老師的我，對於學生的最高指導原則，就如〈我給你幸福〉（動力火車主唱，姚若龍作詞，Funck 作曲）這首歌所唱的：「你是我的美好我的責任，真愛讓人無所不能。」一學期的努力，就是希望幫助學生，逐漸達到「必須做也喜歡做」的境界。

《校園記者：芷昀》

要高興地去做不喜歡的事，真的頗為困難！最難的在於決定「開始做不喜歡的事情」這個動作。預期困難或是不喜歡的事，會讓人很難開始、一拖再拖，因此最需要克服的，就是讓自己下定決心。「責任感」可能是一個很好的方式，雖然過程中不太甘願，但至少不會放著不管。

不喜歡的事情往往與拖延有關，每個人一定會遇到自己不喜歡、不想做的事，但重點是「如何面對這些不喜歡的事」。幾乎所有人都很直觀的表示：不想做還是要做，只是這些不想做的事情會被排到最後。有些人的情況是，覺得事情不好做，乾脆放到最後再來煩惱；另一些人可能覺得事情麻煩，或者純粹就是不喜歡。

面對不喜歡的事情，只有少數人表示會讓自己轉念，即便無法讓自己喜歡，至少能夠平靜的做完，這也是對事情最實際的幫助。

還有人直覺認為，要高興的去做不喜歡的事，是不可能的。但卻又突然改變態度的表示，可以試試看抱持高興的態度去做不喜歡的事情，看看結果會如何？這可能是一個可以讓事情做得更好、讓自己更快樂的方式。

《校園記者：欣學》

遇到不喜歡做的事情，我很難抱持高興的態度去做。但因我喜歡做完事情的成就感，所以雖然不喜歡，做完之後反而更有成就感。之後，我會試著用高興的態度去做不喜歡的事情。如果這件事蠻重要的，而且要跟其他人合作，我一直擺臭臉或露出不耐煩的態度，別人也會受到影響，或許事情就不會這麼順利了。

不一定要強迫自己喜歡原本不喜歡的事情，因為這可能有些困難。不過，至少盡量不懷著抱怨、煩躁的心態做事，可能比較不會分心，也不會壞了心情，因為一旦壞了心情，就會惡性循環，影響到其他事情和生活。若能持著高興的心情完成不喜歡的事情，成果可能比充滿煩躁的心情下完成來得好。

或許每件事情都有它的意義，可能是增進自身的能力，或是考驗自己的毅力。如果能從這些不喜歡的事情中找出正向的部分，不僅能讓自己的心情更愉悅，也能從中獲得成長。

不在「時間壓力」下做事

時間壓力的來源主要有三：一為「截止期限」，二為「角色衝突」，三為「高度競爭」。

截止期限

如果你總為「截止期限」而焦慮，首先要依急迫程度排出「工作清單」的順序，先把可以做的事做完（從簡單的開始，較易入手），去除壓迫感後，才有心力檢討自己為什麼老被時間追著跑。若是事情太多，則要設法「大幅捨去」不必要的事。若是工作較複雜、需要較長時間，最保險的作法是改變態度，也就是「及早動工」。有不少人「喜歡」故意拖延到截止期限前才開始工作，以為在高壓之下的效率也最高，常說：「沒壓力，沒動力」，以為必能「情急智生」；實際上，壓力只會逼你把事情做完，卻不一定能把事情做好。

以大學生來說，最常聽到的是期末考期間的哀怨頻頻：「昨晚熬夜到三點多才睡，還是沒讀完，讀了也因為腦力不足、精神不繼而看不懂、記不住。啊！還有好多報告要交，怎麼辦？」好像自己遭到迫害，忘了其實自己才是「加害人」，也就是同時具有「原告」及「被告」兩種身分。

角色衝突

以女性的角色衝突為例，東西方社會都一樣，女性在結婚以後的時間壓力更大。若要投入工作、自我實現，就可能在加班、會議、出差等增加工作時間後，因自認疏忽家人而帶來罪惡感。婦女常覺得缺乏自我的時間，而以尋求工作空檔、比家人早起晚睡的方式來換取時間。因為女性常認為家務是自身的責任，寧可犧牲睡眠也不求家人分擔家事。

因此，與其頌揚母親的偉大，或動員政府各部門「幫助媽媽做個輕鬆的媽媽」，不如改變想法與作法，不分性別，讓家事及教養兒女成為夫妻

與親子共同的事。在此順便提醒女大學生，談戀愛時就要想想自己未來在婚姻中要扮演的角色，尤其是你的伴侶會怎麼想。自己成為「對的人」以及找到「對的人」，兩者同等重要，將來才能減少為了兼顧家庭與事業的時間壓力。

《理論與人生智慧》

瑞典同時兼有女性高就業率及歐洲最高的出生率，因為男性願意請假照顧小孩。父職角色起於伴侶準備懷孕時，瑞典政府就為男性提供免費的「父親課程」，讓男性在心理和技能上能真正成為「育兒者」。瑞典的性別平等評比在全球名列前茅，政府部門拍攝大量的文宣海報，鼓勵丈夫陪妻子一同產檢，及早參與教育孩子的行列。

挪威政府近來也採取一系列政策，在全國各地建置父親互助團體。男女平均分擔家庭責任和家務，可以強化夫妻雙方關係，大幅降低分手的可能性。

國內的例子，例如：2011 年全球億萬富翁排行榜，登上台灣地區榜首的王雪紅。她的第一段婚姻，因為夫妻雙方對婚姻期待的嚴重落差而離婚，兩個孩子的撫養權歸王雪紅。她給自己的定位從來不是家庭主婦，而希望能實現自我價值。

2003 年，王雪紅與共同創業十年的夥伴——總經理陳文琦結婚。她認為彼此有很多共同點，都愛閱讀及古典音樂，都喜歡簡樸、自在的生活，尤其是有共同的信仰。

大學生的角色衝突來自學生身分與其他角色的競逐，如果其他角色「勝出」，就會面臨「危機」，例如：打工、社團、愛情的重要排序超過課業時，就算成績可以低空掠過，不僅過得「提心吊膽」，未來也可能因為沒有「真才實學」而找不到理想工作。所以當你覺得讀大學好像學不到想要的東西時，千萬別忘了你是繳了學費的。

高度競爭

　　如果自覺工作條件不夠好，在周圍競爭者的虎視眈眈之下，有些人只好以拉長時間來爭取成績。但就像加班一樣，偶爾加班可以彌補進度，別人也會誇你勤奮；但經常加班不僅身體吃不消（如果已婚還會影響家庭生活），別人也會給你貼上「效率不彰」的標籤，真是「吃力不討好」。沒有人喜歡加班，若要工作不加班，現在就不要有「拉長時間」工作（以及喝太多咖啡）的觀念與習慣。

　　過勞及壓力會傷肝，「肝若不好，人生是黑白的」。即使年輕人的身體較好，一樣會損害健康，所以要依靠時間管理，有條理才有效率，有動力卻不緊張，並能從容不迫的在期限前完成工作。重要的是頭腦清楚、心情輕鬆，做事、求學才能事半功倍。不求短期競賽獲勝，而要具備經得起考驗與磨練的實力。

10

在「對的時間」做「對的事」

該吃飯時吃飯、該睡覺時睡覺、該上課時上課、該開會時開會、該寫報告時寫報告……。什麼時間就做什麼事，不要隨意找藉口不做，或受其他事情影響而分心。知道「應該」要做什麼，而不用別人監督，才是真正成熟的人。

自以為能「一心多用」的人，常喜歡在某個時間同時做其他不相干的事，認為「兼顧」才不會浪費時間。有些人甚至乾脆否定眼前的事，而直接去做自認為更有價值的事。表面上占了便宜，實際上是不專心、不尊重別人，也缺乏遠見。

我常在會議及研習場合，看到有人在看自己想看的書、做自己想做的事，或一直滑手機，根本不尊重台上主席或演講人的感受。其實，這樣做事會無法專心，效果仍然不好，而且你所「看輕」、「忽略」而不做的事，可能在未來非常有價值，可惜你錯過了。有些大學生也會在 A 課程兼顧 B 課程的功課，或直接做 C 課程的事情。奉勸年輕時不要養成不專注的壞習慣，就像談戀愛時「腳踏兩條船」，貪小便宜吃大虧、聰明反被聰明誤，日後必會踢到鐵板（例如：因疏忽及輕忽而遭到上司或客戶的指責）。

為何無法專一？

這部分也與「自我負責」的態度有關。不少大學生常在該做某事時，故意忽略不做，例如：運動、人際互動、休閒、去圖書館、討論小組報告、預習與複習功課等。這些該做而不做的事，一時之間可能看不出後果，累積起來就會一發不可收拾，例如：身體免疫力下降、人際疏離、作業品質不佳、考試成績不高等；什麼事情都在馬馬虎虎中度過，使別人不再信任你，自己也會失去自信。

或是雖然沒忘記該做的事，卻是在不對的時段工作，A 時段卻做 B 工作，B 時段卻做 C 工作，例如：該上課時，不少大學生卻在睡覺、聊天、滑手機、吃便當、上網等；該睡覺時，卻熬夜上網、玩遊戲，或在外面徹

夜玩樂（如夜唱、夜衝、夜遊、去夜店）、趕作業等。早上該起床時，卻繼續在大白天睡得昏天黑地，以致於**某些要事永遠無法列入工作時段**，例如：專心上課、與師長或同學討論課業、課前預習等。

其他還有：該吃飯時，不少大學生卻在睡覺、上網、玩遊戲、拍照上傳 Facebook；該寫作業時，卻與同學相約去看電影，或與情人約會；該運動時，卻情願睡覺，或寫作業、跑圖書館（這不算運動）；該休閒時，卻又拼命趕作業或睡覺。這樣的混亂局面，**使自己愈來愈難拿捏「到底什麼時間該做什麼事」**，大大降低工作效率與效果。

《理論與人生智慧》

2009 年 11 月，洪蘭在天下雜誌（434 期）發表了一篇文章〈不想讀，就讓給別人吧！〉，引起正反不同的爭論。她說：

> 最近去一所台灣最頂尖的醫學院做評鑑，發現上課秩序極不好，已經打鐘了，學生才姍姍來遲，進來後，有人吃泡麵、有人啃雞腿、有人打開電腦看連續劇、有人趴在桌上睡大覺。打手機、傳簡訊的就更不用說了。
>
> 做好學生的本分，父母出錢讓我讀書、國家出錢蓋了教室、買了儀器栽培我，我要好好學習，這不是八股，是做學生的基本要求。如果不想讀，何不把機會讓給想讀的人呢？尸位素餐是最可恥的。

後來，教育部醫學院評鑑委員會達成共識，同意洪蘭主動請辭訪視委員。委員會認為洪蘭不應在評鑑期間於雜誌發表個人意見，引發爭議，因此不採計她的訪視意見。

　　上述文章在當年引發正反兩面的論述，不少老師聲援洪蘭，批評學生上課的態度不當。但也有不少學生抗議，如果任課老師同意學生吃便當，怎算是不敬業？何況餓著肚子怎麼有精神上課？而且若是老師不夠專業，上課學不到東西，這時利用時間做別的事，才不算浪費時間吧！

　　所以，當洪蘭評論大學生上課吃泡麵、啃雞腿、打開電腦看連續劇、趴在桌上睡大覺、打手機、傳簡訊等是不敬業的行為時，學生也反擊有些老師上課不夠精采，教學熱忱不足，是否也不敬業？這點我們當老師的確實該自我警惕。老師要「將心比心」，理解學生的處境，與他們一起「同甘苦，共患難」，也要比學生更用功，以過來人的經驗，協助他們培養競爭力，走到對的道路上。

第 二 篇

上坡：走出自我囚禁
的舒適圈

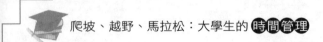

1

自律與怠惰的抗衡

　　對於時間管理，大家都有些概念，也知道若干方法，但觀念不一定全對，方法也有待考驗。最終還是要依個人需要而「客製化」，才能真正落實，形成適合自己的時間管理模式。有人直覺時間管理「很苦」、「很難」，好像減重或運動一樣，需要很強的意志力，因為自認不會成功，所以乾脆直接放棄。

　　時間管理與減重或運動相提並論，並不算完全對。對的部分是，時間管理的重要性如同減重或運動，不能等到迫不得已、非做不可才來補救，這樣不僅可悲，而且效果遠不如平時養成習慣。這些道理「知易行難」，但多數人還是會拖到最後才去做「早該做」或該「趁早做」的事。能設法補救至少算是「後知後覺」，至於「不知不覺」的人，則仍繼續未戰先降或自誇逞強，逃避或排斥「時間管理」的學習與執行。

　　不對的部分則是，時間管理不像減重或運動那麼苦或難，成效卻明顯可見。只要方法正確，不用擔心「復胖」（且更胖）的問題。減重或運動的苦或難，不僅在實質的流汗、挨餓，更是心理上的考驗。人們往往難以「知行合一」，明知甜食不好，卻忍不住一口接一口；明知運動很好，卻一步比一步艱難。減肥永遠在吃完美食後開始，運動則須「痛下決心」才勉強去做。時間管理沒有這些壓力，並不是非做不可或「今天不做，明天就會後悔」的事。時間管理可以沒有教練，也可以自己當教練，要做多少，全由自己決定。

《理論與人生智慧》

　　在日本創立「習慣化顧問公司」的古川武士，在其所著的《改變人生的持續術》一書中說：「習慣化就是不依賴意志力或毅力，把自己想要持續的事物，導引到有如每天刷牙般輕鬆持續的狀態」（陳美瑛譯，2011，頁26）。古川武士認為，任何事情只要持續30天、通過三個階段，就能建立為習慣。

階段一為「反抗期」（1～7天）：在此期內，對於想培養成習慣的行為要每天做、撐下去，行動規則愈簡單愈好，做多做少都沒關係。可做簡短記錄，不要太在意結果。

階段二為「不穩定期」（8～21天）：在此期內，容易受到各種突發事故的影響而放棄習慣的養成；對策是「模式化」或「節奏感」，將原先想做的事「設法嵌入」日常生活中。可彈性變動，勿追求完美，並且要獎勵與激勵自己，使行動得以持續。

階段三為「倦怠期」（22～30天）：在此期內，會有些厭煩感或提不起勁，感受不到建立習慣的意義。可以加上一些行動的變化，但不要改變階段二已經建立的模式。

 《校園記者：庭仔》

我不否認自己喜歡安逸、不喜歡改變。找工讀時，因為害怕面試而躊躇不決，最後又縮回了原點。冬天早晨想一直窩在被窩裡，拖到非下床不可了才起床，然後再懊悔早上的行程都被打亂了。

說真的，我蠻討厭自己不夠積極的個性，一份報告本可以兩個小時結束，硬是拖拖拉拉到四個小時。過程中總忍不住上個網、滑個手機，時間就這樣溜走了；或是因為前一天太晚睡而昏昏欲睡，導致工作效率極低。總之，我被「時間」牽著鼻子走！

很早我就有這個自覺，知道這樣下去不行！我已虛度了十幾年，但「牛牽到北京還是牛」，讀了大學還是死性不改，危機意識不足。

《校園記者：岱蓉》

大學生常拖延的因素是「環境」，例如：住宿在外，雖擁有自主的生活、非常自由，但也因沒有師長的叮嚀，沒有既定的行為模式，若不能自律，往往就會怠惰。

也許你聽過身旁的人說：「待在宿舍就會有一種想要『耍廢』的感覺。」造成大學生怠惰的環境，多半就是「宿舍」。宿舍是每日生活起居的地方，容易讓人想要休息、想要放鬆，很容易動搖做事的意願、減緩做事的步調。

所以若自己抗拒不了外在的誘惑，想要好好工作，就要盡量遠離孳生「懶惰」的環境，找到適合的地方，才能維持效率。不少大學生喜歡到咖啡廳、速食店讀書及寫作業，若能專心尚可，但若跟同去的朋友一直聊天，反而更糟。一個人到圖書館或校園安靜的角落和教室，可能是較佳的選項。

抗拒改變、安於現狀，繼續留在「舒適圈」，是大多數人的通病，也是一種惰性。對大學生而言，賴床、蹺課都是懶惰最好的掩護，他們不是「做不到」準時上課或不蹺課，而是抗拒不了人性的弱點——好逸惡勞、不勞而獲。如何才能離開「舒適圈」？以大學生而言，大一到大四各有其發展任務，想要完全「按兵不動」，做個「沙發上的馬鈴薯」，也很沉悶，但至少不要慢半拍、錯過許多「關鍵任務」，才不會讓青春白白消逝。

大一的關鍵任務

1. 不論你考取的科系是否是自己的選擇，都要了解大學四年的開課計畫（包括交換生機會），是否有分組？有哪些企業實習？未來出路如何？應有怎樣的學習心態及準備（包含要輔修哪些相關科系）？

如果已經打定主意要轉系，則應充分準備，包括旁聽或選修想轉科系的課程。即使不轉系，也要尋找培養相關或第二專長的輔系、雙學位、學程等。

2. 可選擇參加一、兩個社團，找到自己教室外的學習空間。之後，再慢慢決定要投入哪個社團，為大二擔任社團負責人或重要幹部而準備。

3. 課業與休閒或社團活動之間要取得平衡，以免從升學壓力解放後，過於放縱自己而玩樂太多。

4. 對愛情不要有太多幻想，更不宜太快一頭栽入。在現今想多給自己一段時間的晚婚時代，太早設定對象，可能會因變數太大而失敗率高。

⊕ 大二的關鍵任務

1. 若轉系成功，則要重新適應，還要補修學分。若未轉成，則要思考下一步，要不要再努力轉系（或轉學）一次或加修輔系、雙學位、學程等。未打算轉系者，除了本系課程外（也許有分組），也應開始或準備輔系、雙學位、學程的課程。

2. 成為某個社團的負責人或重要幹部，每週須多撥一些時間籌辦活動，包括寒暑假舉辦較大型的營隊。

3. 當求學狀況穩定後，可以考慮打工，但時間比率不可過高。不要天天排班以免過勞，以致於時間、體力及腦力均不足以應付課業。

4. 可以談戀愛，當做愛情與婚姻的學習機會，藉此也可試探自己適合的對象類型。

⊕ 大三的關鍵任務

1. 繼續本系、輔系、雙學位、學程等課程，也要開始思考與準備未來

的升學或就業。若要就業，則須開始尋找國內外企業的實習機會；若要升學，則須準備國內的研究所考試或國外的留學申請條件。這一年也可爭取到國外當交換生，或者到國外學習。

2. 還是可以參加社團活動，找到自己教室外的學習、休閒與人際互動的空間。

3. 在不影響學業、實習或補習的狀況下，可以繼續打工，甚至考慮到海外「遊學打工」。

4. 若有戀愛對象，則要彼此分享生涯目標，討論如何共同激勵與奮鬥。若沒有對象，可別立刻「淡定」，還是要維持看起來不急但其實有點急的態度，再去尋找交往對象。畢竟大學階段最有時間談戀愛（最能認識較多人），也最能看到對方真實的面貌。

大四的關鍵任務

1. 若尚未確定升學或就業，不可再拖延了。應廣泛聽取有經驗者的建議，或在企業實習時好好思考。若系上未安排企業實習，則要請老師介紹或自己積極尋找。這一年仍可爭取到國外當交換生或遊學打工。

2. 社團可成為休閒與交友的重要場合，每週一、兩次可參加社聚或到社團辦公室幫忙。

3. 可繼續打工，以不影響學業及企業實習為原則。為了日後的升學或就業，要開始撥出時間補習，或準備語文等相關考試。

4. 與戀愛對象分享未來的生涯目標，若能相輔相成、相互勉勵，則可繼續攜手同行，否則就須經歷愛情的考驗。不要為了遷就對方而放棄自己的目標；愛情固然重要，但沒有麵包就活不下去（理想很豐滿，現實很骨感）。若還沒有戀愛對象，可以繼續尋找交往的機會，不要輕言放棄。

延畢或大學畢業第一年的關鍵任務

1. 為了修輔系、雙學位、學程等而延畢，還是值得的。若你畢業後，還想出國深造的話，此時就要把握時間，好好準備申請國外學校所需的各項條件（語文、相關實習與工作經驗）。

2. 若延畢，為了維持生計，可以增加打工時間。若就業、找正職，則要多自我鼓勵，熬過第一年的徬徨、茫然，甚至是挫折、沮喪的時期。

3. 繼續愛情的追尋與考驗，或暫時進入愛情休眠期（如果準備出國進修）。

　　時間管理可以幫你「上緊發條」，幫助你達成大學每一年的關鍵任務，把握該做什麼的最佳時機，不懶散、猶豫甚至蹉跎、放棄。若大學時落後別人一大截，之後就難以追趕回來。

 ## 「人性化」、「個別化」的時間管理

　　如何讓時間管理持續下去且成為習慣呢？養成習慣光靠決心是不夠的，有時還會有反效果。**常常說要下定決心的人，往往是行動力不足的人。**所以，時間管理要有具體的方法，也就是自我管理的技巧。時間管理是鍛鍊自律能力的最佳選項，但並非想像的那樣「軍事化」、「紀律化」，而是相當的「人性化」、「個別化」，例如：

1. 抗拒不了宿舍的「舒適」時，就到圖書館去讀書，不必與惰性對抗而浪費大半天時間。就算與惰性對抗輸了，也不必自責和懊惱，這又浪費不了多少時間。負面情緒會消耗體力，使讀書效率降低。

2. 在宿舍讀書或寫報告，若想休息、放鬆時，當然可以從事某些休閒活動。只要限定時間，不超過一個小時。之後再回到課業上，效果會更好。

3. 若好想睡覺，實在沒精神讀書時，就不要偽裝堅強，睡一會兒吧！如果是白天，不要睡超過一個鐘頭。如果是晚上，就提早上床睡覺，不要先睡一下再爬起來熬夜。若你常覺得睡得不夠，可能是因長期睡眠不足，已經慢性疲勞了（甚至肝功能受損）。

時間管理的「自律」功課，是指：

1. 不要熬夜、過勞、賴床，要早睡早起，生活作息正常。

2. 不要一直放鬆或原諒自己，要振作起來做該做的事。

3. 不要找藉口拖延或放棄，改變不了環境時就該改變自己。

4. 工作與休閒要適度搭配，能放也能收，休息過後再回復工作狀態。

5. 即使沒有人監督與要求，也能自訂工作進度，穩定的成長。

6. 不要在白天睡眠，有需要時小睡 30 分鐘，不可貪睡。

7. 睡眠不足時不要補眠，白天儘可能維持正常的生活作息，晚上則提前上床睡覺。

8. 將短、中、長程目標寫下來，而且隨身攜帶，經常自我檢視。

9. 就算經濟壓力使你必須增加打工的時間，萬不可忘了學生本分，無論如何都要以維護健康為優先。

　　上述自我管理的功課不簡單，能否拿到好成績，除了靠自我激勵，也包括「重要他人」的支持，例如：良師益友、溫暖的家人、親密愛人等。若環境不利於自我管理，則要學習「孟母三遷」，離開不好的朋友甚至是親密愛人。若你想搬出家裡、學習獨立，要跟父母好好溝通，讓他們相信這是你學習自我負責的最好時機與安排。

突破拖延、逃避的心理

單純的做事拖拉或懶得做，只能定義為「拖延」，算是一種要改正的壞習慣。若「拖延」已影響到心情，產生強烈的自責與罪惡感，且不斷的自我否定、自我貶低，再伴隨焦慮症、憂鬱症、強迫症等心理疾病時，就稱為「拖延症」（近十幾年已成為正式病名）。

　　拖延的基本原因是對自己有著過高、甚至不切實際的期望。好比在兩棟十層大樓之間，架設一塊木板，若要走過去，必然會因害怕掉下去而不敢邁步；但是「期限」（deadline）卻像身後的一團火，為了不被燒著，只好硬著頭皮衝過去。在期限前趕工完成的作品，也許品質不佳，但愛拖延的人卻很享受那種「衝過去」之後突然放鬆的感覺，甚至很得意自己的「效率」。

《校園記者：芷昀》

　　有時我會把不喜歡的事拖到最後一刻才趕進度，但這會讓品質下降。因為我不是可以「急中生智」的人，多數時候我需要較長時間來完成一份報告。如果能早點做完，還有時間可以做修改。若拖延到最後期限，難免會「忙中有錯」。

　　碰到很困難的工作和報告，我容易逃避、不想面對，但又因不想讓生活變得很緊張，所以不會拖到接近截止日才做。若是分組報告，因為我不喜歡讓人催促，所以會趕快做完，這樣才能安心做其他的事，也才有資格提醒其他組員不要拖延。

《校園記者：欣學》

我有很嚴重的拖延病，總覺得時間還夠，何必那麼早做？例如：兩週後要交的報告，我覺得一週前再做就好了。等過了一週，我會認為還有一週的時間，仍然可以慢慢來。最後總是到了只剩兩天，才急著趕報告。

如果不拖延，讓步調從容些，有較多時間可以修改的話，報告應該會做得更完美。上課也是一樣，出門時間如果抓早一些，路上若有突發狀況，也不用擔心會遲到。做事也是如此，若能先完成較困難的部分，就不會因為一直掛心，而無法放輕鬆。

《校園記者：岱蓉》

很多大學生都有這樣的經驗，將報告和作業拖到最後一刻才趕著做。臨近期末考才發現平時都沒準備，只好考前一天徹夜未眠地苦讀。這種「牽拖」性格不是一、兩天形成的，而是不經意的怠慢，一點一滴所累積。也許你認為這種生活方式無傷大雅，但長期下來則會破壞身體健康，也會使拖延情況愈來愈嚴重。

拖延好似罌粟，一旦開始吸食，便會加劇上癮的程度。事情拖得愈久，愈加重心理負擔，讓人更難用積極的心態處理事情，甚至會影響到完成其他事務的時間。

大學生的牽拖行為，常因「態度」所致。許多大學生仗著時間充裕，養成做事鬆散的心態。少數狀況是突發事件占用原本規劃的時間，但更多情況還是自己不珍惜時間，任性的揮霍時間。「明日復明日」的結果，不**但白白蹉跎了光陰，也扼殺了自身更多發展的可能性。**以 A 同學為例：

　　Ａ 同學習慣將事情拖到最後一刻才做，始終擺脫不了牽拖的生活態度。大一起一直有著到國外交換的心願，但因常熬夜彌補自己拖延的事情，以致於睡過頭而上課遲到，使成績難以達到交換的標準。然而，Ａ 同學認為：「我還有三年時間，下一年絕對會變好。」

　　在語言學習方面，Ａ 同學每天都計畫著「明天」就開始。就這樣一天一天的過去，等 Ａ 同學回過神來，才發現自己已身穿學士袍，準備畢業了。出國交換的夢想，早已消失得無影無蹤……

　　面對「牽拖」最好的辦法是一開始就不要染上這種惡習，加強自己的生活紀律，對時間安排要有規劃，把現在要處理的事務當成是「工作」，必須在有限時間內完成，沒有拖延的餘地或退路。

　　分清楚事情的先後順序，在對的時間做該做的事情，徹底遏止拖延行為。期限前三天完成的報告與前一小時才完成，也許都是「完成」，但兩者的質量很難相同。善用正確的時間，拒絕「牽拖」的發生，才是成功的重要條件。

　　「拖延」對大學生而言，不是個小問題，尤其是在課業上。拖延可分為「主動拖延」及「被動拖延」兩種，前者是指自動將事情安排到最後才做，認為「時間壓力」能讓自己效率更佳、更緊密的完成事情；但大多數人都是被動拖延、非自願性，是因為時間安排不當及逃避心理，甚至針對不想做、覺得麻煩的事情，若加上覺得「時間還夠」的安慰劑，就會更加沒有動力。

　　有人則因為對所做的事沒有信心、標準過高、完美主義等，而讓自己很難開始動手去做。有時拖延是分心所造成，因為周遭的誘惑太多而讓進度緩慢。被動拖延者多半想改掉這個壞習慣，因為拖延會使工作品質不佳，使身心俱疲、壓力很大、自信心下降。

《理論與人生智慧》

珍・博克（Jane B. Burka）等人所寫的《拖延心理學》（*Procrastination：Why You Do It, What to Do About It Now*）（洪慧芳譯，2011，頁 324-326）一書，總結了 12 個管理拖延的技巧清單：

1. 找出可觀察、特定、具體的目標。

2. 一次只專注一個小目標。

3. 小目標累積起來就是大目標。

4. 抽出可用的時間。

5. 開始就對了。

6. 忍受個 15 分鐘。

7. 接受挫折與障礙。

8. 把事情委託給別人。

9. 不回應「急事」，拒絕額外的工作。

10. 注意那些餓了、累了、很煩等藉口。

11. 一點點進展也要獎勵。

12. 自問：拖延意謂著什麼？

消除拖延的妙方

即使拖延的問題已經很嚴重，在改善之初，仍不要對自己（或別人）太嚴厲；只要有一點點進展，都值得大大鼓勵，以免又縮回舊有的習性。管理拖延的方法很多，上述「12 個管理拖延的技巧」都非常值得嘗試。要徹底消除拖延雖不容易，至少要能將狀況控制在可容忍的範圍內。將拖延的十件事減少到五件，再減至只剩兩、三件。從逃避、不敢面對，到勉強做個 15 分鐘。恢復信心及正面情緒後，才能徹底去除拖延的老症頭。其他妙方如下。

A.排除造成分心的事物

像旅館房門口掛上「請勿打擾」的牌子一般，如果你有條件比照辦理，讓別人（或自己）明確知道：現在是我的專注時間，閒雜人等一律迴避。否則就把自己「藏起來」，找個沒有誘惑（如手機、冰箱、電視、床鋪）或干擾的地方，專心做事。

B.找人督促自己

人性的弱點（或本性）本來就是「雙重標準」，對自己容易原諒、放鬆、自圓其說，對別人則是不可原諒、鬆懈、沒有藉口。所以找一個「有權力」的人來督促自己（實質的或心理作用均可），「借力使力」來幫助自己對抗拖延。

C.給自己一個截止日期

為所拖延的事訂出一個截止日期，讓偷懶的自己有所警惕，不再盲目樂觀的以為「船到橋頭自然直」。讓自己記得該做的事，不再逃避與拖延，不論是多麼不想做的困難或討厭的事，只要是重要、必須完成的，就要「咬著子彈」去忍耐（楊洋譯，2010，頁 77-78）。這是指在麻醉劑尚未發明之前，士兵要動手術就得咬著子彈忍受痛苦。

這類「咬著子彈」的事情，要將它提升為「第一順位」，快快完成它，使它離開你的工作清單。而且這類拖延已久的「巨獸」，其實是虛張聲勢，就怕你真正去拆解它。只要你勇於面對，就算愚公也可以移山！這些是「知難行易」的事，咬咬牙一口氣做完，不僅壓力立消，而且自信立增。一消一長之間，你的潛力才能被激發。

根除「遲到」的毛病

　　我在大學授課的評分標準之一是「準時出席」，占總成績的 10%。準時一次可得 1 分，一學期至少 15 週，要得滿分「應該不難」，但對習慣上課「滑壘成功」的大學生來說，仍是一大挑戰。我還有附加的「少數關鍵」條件：遲到或缺席四次以上，總成績不及格。限制遲到次數，做為成績過關的必要條件，才能幫學生改掉「慣性遲到」的老毛病，因為有了這樣的要求，確實能督促大多數學生準時上課。「準時」是未來就業的行為規範，大學生雖覺得痛苦，但還能接受這項評分規則。

　　你可能會懷疑「大多數學生能準時上課」是事實嗎？或覺得我過於樂觀，敢將準時上列為評分規則。的確，對於要不要「逼」學生準時上課，我可是非常糾結。不少「好心的」學生勸我，不要如此執著，怕我跟學生起衝突或對結果感到傷心，但我仍決定堅持下去。開學前幾週，我先將準時上課的規則「講清楚，說明白」，抱定「就算沒人選課也沒關係」的決心。目前我一週有兩天是早上 8 點的課，要學生準時上課確是不小的挑戰。

⊕ 「準時」鐘點戰

　　日後就業，要準時出席的難度不小，包括居住地與上班地點的距離（可能還有交通狀況的干擾），有時還要到外地出差或開會（尤其是社會新鮮人或重要幹部的機率最高），到底要如何算準時間不會遲到？要控制的變數包含：要早起，要搭長途車或自行開車，要清楚路程及路線。某次，我應邀到新北市淡水區淡金路四段的聖約翰科技大學演講，時間是上午 9 點鐘。我住新北市新店區，自行開車「準時到達」（正確的意思是提前 15 分鐘到達）必須考慮及掌握的因素，包括：這段距離開車要多久？選擇哪條路線最快速？可能會遇到什麼干擾（塞車、紅綠燈、迷路）而耽誤多少時間？

　　我預估車程約一個半鐘頭，須在 7 點 15 分以前出門。我平時約 6 點 15 分起床，加上吃早餐、看報紙、上大號之後換外出服，一個小時有些急迫。

果然，我出門時已超過 7 點 15 分，到了停車場卻又發現忘了帶手機，回頭拿再多花 7、8 分鐘。要如何追趕這少掉的近 10 分鐘進度呢？又逢上班尖峰時間，要如何避開塞車的路段？於是我決定走堤外快速道路，銜接洲美快速道路，再接大度路往淡水方向。你猜，我遲到了嗎？我算準時到達（8 點 50 分），但還是老天保佑沒遇上塞車才做得到，運氣很好！其實聖約翰科技大學的承辦同仁已經開始著急而打電話問我「你到哪兒啦」！下一次，我該 7 點鐘就出門。

讀大學及研究所時期，我就不是一個「準時」的好學生。碩士班的「輔導專題研究」課程，李教授要我們回想：「早上到現在，有過哪些情緒？為什麼？」我細想後發現，自己竟有一大串負面情緒，源頭就是賴床及遲到，加上沒時間吃早餐，讓人更沒活力！若不能根本改善，例如：調整作息、提前上床睡覺，就無法避免身心焦躁的惡性循環。我雖警覺到自己多年來慣性遲到的毛病害我慘重損失，但真正改掉這壞習慣，還是到了工作後才被迫做到的。我的主管說：「國家進步與人民準時程度成正比。」員工每天都能準時上班，對企業主而言代表公司優良的紀律。一、兩次遲到可被原諒，慣性遲到就是自欺欺人、自暴自棄（或是說「自作孽，不可活」），必須「斬草除根」，杜絕「復發」的機會。

準時是一種自我要求，與人約會、團隊工作或小組合作，若不守時就會耽誤大家的時間，拖累團隊的進度與成果。若要上課不遲到，就得「精算」時間：從宿舍到教室要多少時間？等電梯要多少時間？若住家裡，到學校上課包含走路、搭捷運、搭公車及等車，都要正確估算，而且最好「寬估」。若覺得需要 20 分鐘，就應寬估為 30 分鐘，才不會手忙腳亂、忙中有錯。「趕」會增加風險（包含對自己及無辜的他人），提早到達比較安全與安心。

《理論與人生智慧》

　　我常跟學生說：「準時就是提前到達，時間剛好就等於遲到。」但我自己卻在一次重要的面試遲到，我不確定不錄取的原因是否與此有關，但遲到確實影響了我的外在與心情，面試表現不理想是不能狡辯的事實。如果沒有遲到，就算不錄取，我也會因為盡力而沒有遺憾。

　　話說回來，那天我出門就已有些「趕」，之後又想到有份資料要補印，還是跑了趟影印店。雖然及時趕到考場，但氣喘吁吁之下，得極力壓制呼吸的氣息及汗水才能回答問題。口試委員雖沒問我為什麼那麼喘，但應該會誤解為我對考試不太重視吧！

　　不管口試委員是否有這麼想，我的腦子確實是不管用了。對於口試的問題，似乎無法深思，脫口而出的答案可能「答非所問」，或至少沒有充分發揮！考完後我就覺得懊惱，不管是表情或答題方式，都沒能展現我的特質。但機會過去就無法補救，別人已將「那時的你」打了一個分數，你的優點已經沒有儲存的空間了。

　　之後在面對重要的口試、面談時，我都會提早到達，甚至提前一個小時，不僅可鎮定情緒，更能觀察環境。結果證明這招有效，口試時會較有靈感。之後，所有的授課、演講、約會，我都儘可能提前20分鐘到達。一方面不用擔心遲到，更有價值的是擁有充分觀察外在環境及應變的時間與空間，即使有突發狀況，也能情急智生、從容應付。

時間運用的檢討與更新

　　每天、每週、每月、每半年、每年，都應做時間管理的檢討，找出自己常出現的時間管理問題，例如：拖延、遲到、常感疲憊或壓力大、事情總是做不完、與朋友或家人關係疏離、學業或工作成績不佳等。要誠實評估問題的嚴重程度，事出必有因，一定要深刻反省與確實改進，例如：

　　是否讀書或做事方法錯誤？

　　是否有太多突發事件的干擾？

　　是否不自量力、過度自信，做出過多承諾（包括對自己、對別人）？

　　是否拖延「該做的事」或因逃避而做不完？

　　是否無精打采、有氣無力，缺乏做事的動機與活力？

　　是否浪費太多時間在不重要的事情上？

找出問題是為了解決問題

　　問題解決的建議如下。

A.要有遠見

　　要拉長時間看看自己的行程表，現在做的事情是否與自己的短期目標吻合？所做的事情是否有助於中、長程目標的達成？中、長程目標是否「常在我心」，指引著正在做的事情？是否一直處於過勞狀態、放鬆不足？或相反的，日子過得太鬆散、生活圈子愈來愈窄？

B.要經常自我提醒與反思

　　此刻我所做的是否為「重要的事」？我是否常拖延事情而增加工作分量？我是否常受不了期限壓力而鴕鳥心態，製造更多「緊急事件」？我是否有意無意逃避「重要的事」，使原本美好的事情及生活變質？

C.找出自己的生理規律

應知道自己什麼時候最適合思考、做決定，然後把「重要的事」安排在那個時段。大多數人的上午狀況最佳，也有人是下午或晚上，更有人自認為是半夜。若能保持好體力，全天各時段都能穩定工作，這樣的效率最好。但仍奉勸夜貓子們，避開夜裡工作的壞習慣（熬夜傷肝），改為上午較好（所以要早起）。

D.清楚掌握工作期限

定期檢查與檢討工作進度，把重要工作的完成計畫或過程畫成進度表。以我的寫作來說，拜電腦之賜，可以全書各章同時進行。若預定 9 月底完成，每章至少寫二萬字，則可畫個表格，每天檢查及記錄各章的進度（字數），如下表所示。看到字數的變動，就有激勵的效果。

字數	第一章	第二章	第三章	第四章	第五章
9/1	10789	9345	13688	14666	16999
9/2	11211	10987	14002	14688	17032
9/3		11055		14998	17132
9/4	11687	11377	14252		
9/5	12032	11517		15123	
9/6		11655	14358		17255
9/7	12249	11809		15326	
9/8		12033		15467	
9/9	12467		14566		
9/10	12678	12326		15670	

E.擬訂及調整時間計畫

較長時間的安排叫「進度」，今天或幾個鐘頭之內的安排叫「時間計畫」。計畫沒有完美與否，能照著計畫做當然好，未照著計畫做也不一定不好。只是必須經常思考時間計畫要怎麼調整更適合自己，才更能提高效率。

F.不要過度樂觀

應做足事前分析，工作前要先想到該預備或注意的事項。如果不做事前分析，模糊帶過，就容易造成「莫非定律」——會出錯的地方一定會出錯。事前輕忽、認為一定不會出問題的地方，反而容易出事。就算危機過去了，也要事後統整、確實改正，才算真正的危機處理。

G.不可「挖東牆，補西牆」

要小心，別成了「時間詐欺犯」。詐欺犯乍看比小偷、強盜好一些，沒那麼明目張膽或不勞而獲，但同樣是運用智慧，為何要用來犯罪而不是解決問題？「時間詐欺犯」常在該寫作業時跟朋友去看電影，卻騙自己或組員：「看完電影回來再熬夜趕作業。」最後不敵身體疲累與瞌睡蟲，第二天交不出作業，又繼續欺騙老師及組員：「最近我感冒了，沒辦法好好寫作業，請大家原諒，可不可以晚點交？」曾經有一個被退學的學生找我更改成績，理由是：「這學期媽媽生病住院，必須在醫院照顧她，所以『沒時間』來上課。」但之前她並未因此而請過假，而且她偶爾來上課時，妝還化得「精雕細琢」，看不出來沒有時間。

H.不要超過個人所能負荷

包括修太多課程、參加太多社團、打工時數過多、談戀愛占據太多時間、沉迷網路與遊戲、做某些能力所不及的事情等。就算你很有自信、能力也夠，仍不可過於貪心，想要快速成長。「欲速則不達」，想看到成果，還是需要耐心等待，「揠苗助長」只會把自己的根基都毀了。超過個人負荷指的不僅是時間，體力、腦力也一樣，「留得青山在，不怕沒柴燒。」

養成「提前」的習慣

剛開始做時間管理時，目標放在改掉拖延、怠惰、馬虎等壞習慣。

時間管理進階時，目標為準時完工、提高工作品質。

到了時間管理高階，則不僅能提前完成工作（幾天、幾週甚至是幾個月）、工作成果豐碩，而且還有附加價值——即個人素質及夢想的層次均顯著提升。

時間管理達人不受「期限」影響，能按照自己的進度做事，完成的時間也比一般人預期的「提前」許多；即使複雜或長期的工作，也能如此。提前包括「開始」與「完成」兩部分，意義不同且各有難處。「提前開始」要降服個人的惰性，「拆解」工作的困境，情願「先苦後樂」；「提前完成」則須持續工作熱情，有效安排與掌握預定進度，調整快慢的速度。

提前的範圍與作法

「提前」是「準時」的充分條件，提前才能減少時間的急迫感。提前的範圍很廣，其基本功夫，例如：明天需要的東西以及穿什麼衣服（如果沒有把握則要「試穿」），都要提前準備好且放在床邊或門口。第二天就能節省許多時間，心情也很輕鬆。若出門前才找衣服，再東抓西抓要用的書籍或筆記，不僅容易忘東忘西，而且弄得很「趕」、心情很焦躁。

上課、工作或約會都應早些出門，把「鬧鐘時間」提前，可減少遲到的機率。把時間放寬些，預留「緩衝時間」，才不用擔心預料之外或突發事件的干擾。多提前一些時間，即使遇到路上塞車或迷路，才有足夠的「修正時間」。尤其第一次去某個陌生的地方，必須將相關的交通資訊或路線查清楚，更早些出門。與人約會一定要準時（至少提前 10～15 分鐘到達），不應讓人等待、浪費別人的時間。

例如到國外「自助旅行」，要將所有細節考慮周全，除了完整的行程表，還要提前一天將隔天的食、衣、住、行等詳細行程，以「時間點」的方式明確標示出來，這樣才能乘興出門、盡興回家，不浪費出國的旅費與

082

有限時間。千萬不可太隨性，以為「船到橋頭自然直」，這樣的習性在國內應付例行工作都可能出錯，何況是出國？不僅可能掃興（如很辛苦趕到，某個景點已經關門或發現當日休館），還可能浪費金錢、構成危險。不管自助或跟團旅行，都須提前閱讀相關資料，例如：旅行社提供的行程表及注意事項、各種深淺程度不一的旅遊書籍，都有助於旅途的順利與豐收。

週休二日不僅可從事休閒活動，做完前一週未竟之事，也可留半天時間「提前」將下週活動的相關事物準備好。有人甚至在週五就提前準備下週的工作，雖然看來太過積極，但仔細想想也有它的道理。也許他不想在週休二日時工作，或可先與相關單位確認下週工作，以免有所疏失。總之，工作提前幾天開始準備，絕對比前一天或當天才準備，要好得多。萬一有誤，才有時間可以彌補。

作業或報告（尤其是團體作業）要提前開始，可以減輕心理壓力，覺得比較有時間，可以做得更好。要比教授規定的繳交期限，提前幾天甚至一、兩週完成，才不會到了期末，同時要交好幾篇報告時，擠在一起寫，最後只能勉強過關，也須放棄許多好點子，無法追求卓越（高分）。**要養成「寬估」的習慣，讓自己的時間更充裕，這也是一種「提前」的功夫。**不少人高估自己的能力（基本歸因謬誤），結果使步調太緊湊而焦頭爛額，最後還是上課遲到或遲交作業。就算及時達陣，也會感到筋疲力竭。

「準時」是指至少提前 10～15 分鐘，老師也應以身作則，上課提前到教室，才能準時（從容的）開始。老師還要準時下課，以免耽誤學生下一堂課的時間（大學生要跑班）。有一次我聘請好友——英語檢定專家謝一秀女士，到課堂上為學生專題演講。上課時間是下午一點半，我與她約一點十分在校門口見，一秀卻跟我改約下午一點鐘，說這樣更從容。你瞧！成功人士就是懂得「提前」。

⊙ 提前的價值與益處

提前的好處很多，以我每週一早上 8 點 20 分在中國文化大學的課程來說，從新店開車到陽明山，約需 1 小時 10 分鐘。在 6 點 50 分、7 點整、7 點 10 分三個時段出門，看起來差不多，結果差很多。6 點 50 分出門，不會塞車、心情輕鬆，8 點以前可到達教室。7 點出門就有些緊張，7 點 10 分出門則一定塞車，遲到機率高達 95%，要很僥倖才不會遲到，但最好不要「心存僥倖」。

再舉一例：我在世新大學下午 1 點 20 分的課程，教室在十樓。在 1 點以前、1 點整、1 點 10 分這三個時段等電梯，結果也差很多。1 點以前，幾乎無人等候，立刻可上電梯，輕鬆「直達」教室。1 點整，電梯前開始排隊；1 點 10 分是排隊的最高峰，不僅要等好幾趟才能進電梯，而且各樓層均停，時間耽擱得更久，心情再焦躁也無法扭轉必然遲到的後果。

提前還有個莫大的好處，就是有時能賺到「加倍」的時間。有一次我前往花蓮國軍醫院演講，預定時段為 9 點半到 12 點半；當我 9 點到達，發現出席人數幾乎都已到齊（8 點 50 分報到），於是建議主辦單位提前開始，12 點即可提前結束。我原本買下午 2 點 20 分的火車回台北，也因此能提前到 1 點整的班次。只是提前半小時開始演講，最後我能提前近一個半小時回到家。你瞧！我賺了近三倍的時間。

我不喜歡讓人催促、向人道歉，所以情願提前完成工作，讓自己清心，別人也放心（及驚喜），這就是雙贏。對於不熟悉或不擅長的工作，更要提前去做，才有修正的時間。對於不熟悉的地方要設定「提前到達」，才不必擔心可能迷路而耽誤大家的時間。長期目標的達成，更需要提前計畫及提前開始。「到時候再說」的結果，通常是會「錯過時機」、「慢了一步」；若要從頭再來，不僅多花時間，還可能如劉若英所唱的〈後來〉（施人誠作詞，玉城千春作曲）：

後來　終於在眼淚中明白，有些人一旦錯過就不再。

6

積少成多、由簡入繁

　　你若想連續做五十個仰臥起坐，可從每天十個開始，之後逐漸增加，並鼓勵自己持續下去。依此類推，許多該做及想做的事，不必一次或立刻做到，可分散「多次」或「分區」慢慢完成。有時，真正達成一項目標，需要好幾年的時間，乍看效率不高，但可貴的是持續、不放棄、慢工出細活。有些人採取激烈的方式快速達成目標，但達標後也快速終止那項行為，致使好事又消失了。就像速食愛情，來得快去得也快，一陣風吹過就隨風而逝，這樣只是有效率，卻沒效果。**真正將一件好事變成習慣，需要長時間的醞釀與維繫，急不得！**

　　想養成感恩、讚美、正向、微笑、謙虛、整潔等，屬於美德、態度、心境層次的習慣，要靠「積少成多」的涵養功夫。可稱為「功力」的事，都要靠長期累積，例如：練太極、練體力、練舞、練書法、運動、減重等。總之，「這改變不是一夜之間，可是它真的發生了」。改變是「每天進步一點點」所造成，只要「有進步」就值得慶幸（恩師賈馥茗教授生前最常用「有進步」來鼓勵我）。做任何事都是「一回生二回熟」，未熟練之前不可能「出神入化」，而且就算已達「頂尖」，若不繼續維持或「精益求精」，就會「消弱」到消失，前面的努力仍等於白費。不少人因自大、自滿而不再練功，終至「江郎才盡」、一無所有。

「分散學習」或「分段完成」的效果

　　「分散學習」比「集中學習」的效果好，所以不管是否有足夠時間、體力、毅力，一件事做太久，效率也會遞減。此時，倒不如短時間做事、分段去做，效率反而較高。尤其是遇到困難或麻煩的事，可把它切割成許多「小部分」，從較簡單的部分開始，逐漸就能破解難關。由簡入繁，就能避免怕難而逃避及拖延的心理。從前我們不敢挑戰某些事，並非自己真的做不到，而是沒有拆解開來，所以被表面上的困難給嚇著了，由害怕變成了反感，就不敢去挑戰。

　　有些人喜歡一口氣把事情做完，否則就沒有心思做下一件事。簡單或需時較少的工作，可以一次集中做完，但**複雜或需時較長的工作，還是分散多次來做比較好**。因為一次全部做完，不僅壓力過大（也不可能），而且時間過長或總缺少那麼長的時段。有些人喜歡分散做事，讓每次工作的分量變少，過程及成果皆較為理想。以學生的「課業」來看，採用「分散學習」來加強，效果較佳。長時間念單一科目，隨著疲乏程度增加，容易導致效果遞減。不只是一個科目的考試或書面報告要分散或多段進行，期中或期末考試的準備，也要將多個科目在短時間內「交錯進行」，使每一個科目都能分配到時間、都有進度。這樣能較為安心，也較不易疲倦，效果反而遞增。

《校園記者：芷昀》

　　我習慣將事情集中做，因為喜歡一次完成一件事之後，從清單中去除那一項的感覺。但「集中做」就要有足夠的精神與體力，每一次的工作量一定要拿捏得剛剛好，否則就可能拖延進度。所以，我寧願早一點開始做，然後一次完成工作。

　　集中做還是有些缺點，一是需要耗費極大的能量，可能在完成 A 工作後，就無法再進行其他工作。分散的好處，就是腦力及體力消耗較少，可以讓疲乏的感覺少一些。

　　不可否認的，分散的方式比較符合時間管理的原則，可以讓生活節奏規律一點。

《校園記者：欣學》

　　我習慣一次做完一件事之後，再做另一件事。把事情分散開來做，很容易混淆，而且會因事情沒有完成而焦慮，做另一件事的時候會一直想著還沒完成的事，容易不專心。

　　但是集中做也不全都有好處，如果一次只做一件事，通常會花比較多的時間，若加上需要修改，就可能拖延到下一件事。而且，一直做同一件事會覺得比較枯燥，一段時間內分散做不同的事，會比較有趣、不單調。

　　許多人做事只想儘快做完，卻不思考做事方法，尤其是安排「工作順序」或「時間順序」（簡稱「進度」），沒有仔細思考怎樣做比較有效率，結果常事倍功半，甚至白忙一場。以最簡單的購物來說，不懂得集中一次採買或排定採買路線，會浪費許多寶貴時間與體力。對於複雜的一些事情，如繳交重要作業與書面報告，如果以為「還有兩天」一定來得及，卻少了「前置作業」與「工作分析」——多方蒐集資料、消化及補充資料、安排報告架構、撰寫及修改報告等過程，成果通常相當貧乏，最後可能只低分通過。就算完成了作業，也沒有創造與累積的成就感或附加價值。再複雜一些的是「團隊合作」，若不能規劃及掌握進度、分散多次完成，人多嘴雜、三個和尚沒水喝，時間快到了仍無成果，勢必會變成一場惡夢。

7

跨出一小步或索性一大步

完成夢想就得採取行動，行動類型有兩種：一種像蝸牛，一步一步往上爬；一種像鯉魚，奮力的一躍進龍門。比如說，要精進英文能力，可以每天背一些單字、看英文雜誌的短文，這屬於「跨出一小步」的類型；若藉由出國當交換學生、留學或遊學、海外志工、結交外籍朋友等方式，就算是「索性一大步」的類型。

 《校園記者：岱蓉》

To be or not to be, that is a question.
～William Shakespeare（威廉·莎士比亞）

完成夢想沒有捷徑，只有付諸行動。面對或遠或近的夢想，我們往往會猶豫要做還是不做？做了會不會失敗？種種思量看似是為了完成夢想而做的考慮，但這些躊躇也拖慢了我們的步伐，甚至讓我們止步不前或直接放棄。其實，只要有勇氣跨出一步，即使是小小的進展，一切就會開始改變。只要開始下定決心去做，夢想就絕不再只是幻想。

Life is too short to waste. Dreams are fulfilled only through action,
not through endless planning to take action.
（人生太短不能浪費，夢想只能靠行動來實現，
而不是無終止的計畫行動。）
～David J. Schwartz（大衛·施瓦茨）

事物發展最困難的階段，是在開始的時候。《易經》的屯卦象徵的就是事物最初始的狀態，「屯」原指植物萌生大地、萬物始生，充滿艱難險阻。然而，只要克服這個階段，便能愈來愈順利。因此做一件事最重要的

是謹記初衷、克服困難、堅持到底，以下是一個例子。

　　小安讀大學時就決定創業，他把自己設計的構想告訴認識的設計師，卻都得不到支持。他們一致認為這樣的產品不會有市場，覺得他的作品缺乏實用性。小安還是決定試試看，雖然經歷了許多失敗，最後還是做出了成品，也放到網路上銷售。現在小安與朋友已擁有小有名氣的藝術工作室，很多人都欣賞他們的作品。

　　如果沒有堅持到底的信念、不斷嘗試的精神，沒有勇氣跨出第一步，我們將永遠遲滯不前，無法帶來改變。不僅是小安的創業，我們生活裡的小目標皆是如此。

　　人人都渴望 big leap（大跳躍、明顯的進步），但這無法一蹴可幾。俗話說：「機會是留給準備好的人。」要在一件事情上有飛躍的成長與發展，只有在還沒有能力躍上那樣的舞台前，累積自己的實力。「So, just do it!」

何時是蝸牛？何時成鯉魚？

　　以大學生來說，要併用「蝸牛一步一步爬」及「鯉魚躍龍門」這兩種改變與成長的方式。何時要當蝸牛、緩步前行？其實，大多數的學習都無法速成，要一步一步的穩紮穩打，別妄想一步登天。有些學習剛開始可能很起勁，「三分鐘熱度」之後，若不能自我激勵，就很容易中止。若習慣半途而廢，學得再快也沒有效果；或是遇到瓶頸就沒有足夠的動力「撐下去」，遠不如蝸牛的精神。〈蝸牛與黃鸝鳥〉（林建昌作詞，陳弘文作曲）絕非只是兒歌：

> 阿門阿前一棵葡萄樹，阿嫩阿嫩綠地剛發芽。
>
> 蝸牛背著那重重地殼呀，一步一步地往上爬。
>
> 阿樹阿上兩隻黃鸝鳥，阿嘻阿嘻哈哈在笑它。
>
> 　葡萄成熟還早地很哪，現在上來幹什麼？
>
> 阿黃阿黃鸝兒不要笑，等我爬上它就成熟了。

　　有天分或聰明的人也許學得快，但可能只是表面功夫，沒有真正的「內力」與「實力」，經不起考驗或一遇到困難就顯得「抗壓力」不足。雖然贏在前面，卻不持久，跑不到最後。遠不如有人天分不高，但肯「一步一腳印」的練習再練習，反而能贏在最終點。所以，聰明才智較高，不等於必然成功，反之也不等於失敗，關鍵在於是否肯慢慢的醞釀和熟成。如周杰倫唱過的一首歌〈蝸牛〉（也是他作詞作曲）：

> 　我要一步一步往上爬，等待陽光靜靜看著它的臉。
>
> 　小小的天有大大的夢想，重重的殼裹著輕輕的仰望。

　　除了學習蝸牛，大學生何時又該變成鯉魚、奮力一躍呢？例如：接受挑戰、嘗試不熟悉的事物、克服自己長久以來的某些缺點，就屬於鯉魚式的成長。以出國來說，即使只是旅行十天或半個月，已是生活中較大的變化，包括搭長程飛機，在狹窄的座位窩十幾個小時，忍受飛機上的顛簸搖晃（尤其座位在機尾或遇到不穩定的氣流時）；還要適應或應付國外的語言文化、風土民情、氣候、幣值、飲食、治安等問題，還可能因不習慣、水土不服，而睡不好、生病。

　　如果是要以較長時間到國外當交換學生、升學、遊學、打工、實習、志工等，文化衝擊及缺乏親朋好友的依賴，就是更大的挑戰！這一大步很值得嘗試，尤其是到英語系國家，可將英語學好，進行國際觀及語文力的培養，有利於將來就業或創業所需。在國外的快速成長，還包括：金錢的

使用、獨立、自我負責、解決問題、人際溝通、情緒管控等。另外，擔任社團負責人、參與校內外大型的競賽、擔任老師的研究助理或教學助理等，對個人而言，都是較大的「建設工程」，要好好把握與表現。但有些打工的領域或性質太陌生、太激烈，會使生活的變化過大，占據太多時間，就不建議在學生時代去挑戰，以免耽誤學生的正業，或受創太深（不一定會成功）。

保持環境的整齊、美觀

你是否相信「次序即是效率」？生活與工作環境的整齊就是一種次序，包括：書桌、抽屜、櫃子的物品擺設，以及書面資料與檔案夾的歸類整理。類似的概念，如電腦「桌面」保持清爽，各類「資料夾」的類別與建檔。不需要的物品就該資源回收（最好是少買），過期或不再用的資料就該丟掉或刪除。從個人生活與工作環境的整潔程度，即可看出其內在思緒是否有條不紊。

⊕ 不怕麻煩，物歸原位

環境的整潔美觀必能提升工作效率，反之則會降低工作效率。平常就要打掃，這樣最省時、有效。但不少人回房間後，為了省事，常東西隨手一扔，等到下次要用時，至少要花十分鐘來找（有時恐怕不只）。有人的習慣是等一段時間後，再一起整理，但因為房間或桌面已經弄得很亂，所以要花費不少時間才能讓東西一一歸位，其所損失的不只是大掃除的時間，環境雜亂就跟煩惱一樣，會讓人分心。平時若生活在雜亂的空間裡，工作不易專心、鬥志不易高昂，工作成效自然會跟著愈來愈低落。這些毫不自知的無形損傷，才是最可怕的部分。

若平時就能「物歸原位」，例如：用後的碗盤立刻清洗，順手清潔桌面、洗手台、流理台、浴池的髒污等。一開始會覺得「很麻煩」，要與自己的惰性對抗，但養成習慣後則好處多多，不僅可節省大筆整理及找東西的時間，也避免萬一找不著重要證件，掛失及補辦證件要花更大筆時間（與金錢、心情）的損失。真正的收穫在物歸原位後，視覺上較舒服、心情上較安定，之後的工作更易進入狀態。但要從「隨手一扔」改為將東西「一一歸位」，最初一定會面臨掙扎，所以**要不斷自我激勵：「不要怕麻煩」，逐漸就能克服「心魔」**。房間、書桌的整齊，會使心情輕鬆、平靜及專注，工作效率自然大增。電腦也是我們很常使用的「辦公室」，桌面及檔案的清爽，也有一樣的效果。

做自己的室內設計師

　　房間、書桌是長時間讀書、工作、生活的地方，有必要用心「設計」與「維護」，讓自己的心情安定及愉快。放些自己喜歡的玩偶、手工藝品、照片、海報、盆栽、魚缸（重質不重量），有助於工作士氣及靈感的激發。養養魚、澆澆花，可當作一種休閒活動或休息，但「在精不在多」，別弄得太複雜，結果又成了分心的亂源。

　　我的兒子從事建築與室內設計工作，最近幫我們把房子重新整修，他一再叮嚀：「**提高居住品質的最高指導原則是『收納』。**」整修前我們須先搬出去，搬家打包時才發現許多「久違」的東西，也就是說，我們把家變成儲藏室了。要保持環境整齊，就得注重環保及簡化，可用卻少用的東西快快送人、送二手店或捐出，有蒐集癖好的人，趁此考慮「適可而止」。這樣不僅可節省空間，更省了尋找及蒐集這些東西的時間（與金錢）。

　　時間管理就像「收納」，要使小空間裝進最多東西，或是經過整理而減少空間的浪費。我的小妹淑芳因工作關係經常要搭火車、高鐵及飛機，為了方便行動及滿足多日出門在外的需求，她練就了一身收納的好功夫。只要一個較大的隨身背包，就可以裝進所需要的全部東西，而且「收」、「放」自如，真是高手中的高手。

如果碰到豬一樣的室友

　　大學生不論住在學校宿舍或校外租屋，居住的空間都不大，且多半需要與人同住。所以，有必要學習「小空間，大利用」以及維護環境整潔美觀的技巧，使自己及室友都過得方便又舒適，否則就是一場大災難。也就是說，若自己的物品擺放得很整齊，室友卻隨手亂扔東西，不僅會影響觀瞻及心情，而且還會侵占到他人的空間，此時該怎麼辦？屢勸不聽之外，

更糟糕的是，若室友不僅製造髒亂，還不肯分擔或負責自己分配的打掃工作，又該怎麼辦？

這樣糟糕的室友是如何「製造」出來的？可能是公主病、王子病上身，也就是在家裡很少甚至從不做家事，因此離家在外也缺乏生活自理能力，以為其他室友能體諒，會像家人一樣幫他／她收拾善後。另一個極端就是自居「藝術家風格」，自以為「亂中有序」，認為整理以後反而找不到要用的東西。這種人只適合住「單人房」，或父母繼續到租屋處幫忙打掃，否則還是要勞動手腳，洗洗抹布、拖地板、丟垃圾、洗馬桶等，這都是生活的基本功。

大多數人還是因為懶惰，回到宿舍只想休息，能多放鬆就多放鬆（其實是放縱）。回想一下，若你從前也和上述這位一樣，屬於「先樂後苦」的類型，這也是一般人的通病，不要過度責備；但也不等於要繼續容忍，而是應該及早與其溝通或開寢室會議。如果繼續當「濫好人」，一邊壓抑自己的憤怒，一邊又幫其收拾及清潔環境，這會浪費自己許多的時間與精神，絕非長治久安之道。

不論是住在學校宿舍或外面，都應有維護住宿環境整潔的規範，不能製造髒亂、滋生細菌、造成疾病。大家都必須分擔打掃環境的工作，尤其是公共空間——廁所、廚房、浴室、客廳、玄關、樓梯間等，都須達到應有的水準（可設個「衛生股長」的職務）。要求與訓練打掃整理的技巧，對亂丟東西、不注重衛生的室友，其實有很大的好處。還是嚴格些吧！別再縱容他們了！

每天清空 E-mail 與
做完今天的事情

每天儘可能清空電子信箱及社群網站的訊息，把該做或能做的事都做完，身心會分外舒暢。也許你現在不太使用電子信箱，但有些單位或人（如學校、系上、老師、學長姐、TA）還是會透過電子信箱與你連繫，所以要「定期收信」，間隔不要太久，兩、三天才收一次信，就可能錯過重要的訊息。

 《校園記者：芷昀》

　　我每天都會登入學校的 E-mail 信箱收信，平日的話一天收二～三次，有時是用手機收。我習慣把不重要的信看完就刪除，而清空的動作也會一個月做好幾次，目的是讓信箱整潔，易於信件尋找。有時會連同垃圾信件、寄件備份一起清空，讓信箱保持一定的容量。

　　除了學校系統的信箱，其他的信箱如 Yahoo 和 Gmail 信箱，就不會每天都收信，因為不是主要信箱，通常不會有立即重要的信件。可能一星期收一、兩次，清空頻率也比較低。

　　而像 Line、Facebook 等通訊軟體，會每天都看，只要有新訊息，有空會立刻回覆。頻率是只要有時間、地點可以開網路，就會開起來看。

 《校園記者：欣學》

　　晚上開始做事情之前，我會檢查電子信箱；睡前再確認一次，是否有隔天的緊急通知，早上出門前也會再次確認。其實之前原本沒有這個習慣，剛好這學期有一堂課，很晚才寄信通知隔天的上課地點要改變。因為我沒有即時檢查信件的習慣，因此當天找不到教室，急得到處問同學。

我自己當教學助理時，也會在上課前一天寄信通知學生，例如：上課的 PPT 已經上傳到數位學習網或一些更換教室的訊息，由此可知檢查電子信箱有多麼重要。

每天多次檢視 E-mail，可以避免錯過重要訊息。學校的電子信箱可能有課程的訊息，老師和助教連絡學生的方式也大多用電子信箱。若沒有每天收，可能就錯過時機。另外，還有學校發的活動訊息，錯過就會延誤報名的時間。除此之外，若與老師有私人通信，更要多次收信，才能增加對話的效率。

清空電子信箱的重要性，就是讓信箱保持整潔，避免減慢搜尋信件的速度。或因信件過多、系統容量不足，造成信件的遺失。清空信箱就如同整理書桌、書櫃，都是為了方便搜尋以及視覺上的清爽。

每天收 Facebook 的訊息，除了是習慣之外，由於是訊息的溝通，平時除了朋友之間的聯繫，也常是課程報告的溝通平台。若無經常收取訊息，則會拖延到報告的進度。有同學沒有習慣使用 Line 或 Facebook，在大家都以這些軟體為報告溝通管道的情況下，就會有連絡不上的麻煩。

雖然你及大多數人已在使用 Facebook 或 Line 等軟體，但因仍有同學不太使用，就可能延誤事情。常使用 Facebook 或 Line 的人，會認為這是「即時通訊」，對方應該立即回覆。相對的，你也會被這樣的觀念「綁架」，經常去看 Facebook 或 Line，很怕漏掉訊息，以致於上課或任何時候都不易專心，不由自主的想去「滑手機」。美國《哈芬登郵報》（*The Huffington Post*）列出「23 個徵兆，測出你和手機有多親密」（陳韻涵，2015），但是，你喜歡這樣過日子嗎？例如：無止盡的滑手機、不小心把手機忘在家中即慌張、和手機同床共眠、以手機拍照打卡、別人沒有秒回你就恐慌、有立即回覆訊息的同儕壓力、擔心手機電量低、一直低頭查看新通知、在廁所用手機、邊走邊打字、不喜歡和人面對面談話等。

⏱ 善用而非誤用通訊軟體

我自己收訊息的方式大多仰賴電子信箱，因為我平時大多在上課，不能接電話或滑手機（大學生不也一樣嗎？）所以，我大都以電子信箱為對外聯繫的方式。這樣做的自主性較高，可以等有空時再「細細的」收信、看訊息與回覆。對！收信及回信都需要「細細的」做，它仍是信件而非「簡訊」或「快遞」，要注重回信的邏輯與禮貌，以免耽誤事情、破壞人際關係，同時也會浪費雙方的時間。

我的對外工作（改學生作業、演講邀約、寫作），也都在電子信箱內聯絡或回報。我以兩個電子信箱分別從事不同的工作：一個給學生，專門收作業電子檔及回答學生問題；另一個給外界，專門用來處理演講、課程、出版等情事。我會儘快把工作完成，讓電子信箱保持「清爽」、「乾淨」的狀態（經常是「信件匣」為空白），這代表我沒有拖延或積欠任何事情。這是我花了好長一段時間，才終於養成的好習慣。與打掃環境一樣，都要不怕麻煩、順手就做，也就是不拖延信件——已讀不回或不讀不回，這樣對自己及別人都有好處，能節省彼此的時間，增進雙方的好心情與人際關係。

我也用 Facebook 及 Line，前者因訊息量過大且通常不是信件，所以較少「關注」；後者則有即時訊息與信件的功能，我在有空時會收 Line 的訊息及答覆，但很少能做到「秒回」。因此使用這些工具是取其便利性，不要反過來被其控制甚至「綁架」，不知不覺浪費掉許多時間。

10

養成「團隊合作」的習慣

　　許多大學生不喜歡「分組作業」，因為總會遇到「賴皮」的組員，例如：開會不來、不主動幫忙、工作草率、把自己的工作丟給別人等，令人彷彿掉入苦海、痛苦不堪。組長或某些代罪羔羊，常要獨撐大局、獨自完成全組作業。這種賴皮鬼的確不少，但若因此排斥團隊合作，未免太過可惜。其實與團體一起工作，可以各自發揮特有專長，或藉此磨練幾項額外專長。團結力量大，更多人就能做得更多、更快、更好。團體成員間可以互相激勵，也可以暗自較勁、良性競爭。

《理論與人生智慧》

　　〈You Raise Me Up〉（Brendan Graham 與 Rolf Lovland 作詞）這首歌（中文譯為〈你鼓舞了我〉）首次發行於 2002 年，在美國被用於紀念 911 事件。喬許·葛洛班（Josh Groban）錄製的這首歌獲得 2005 年葛萊美獎提名，西城男孩與神秘園在 2005 年諾貝爾和平獎音樂會共同演出這首歌。歌詞如下：

When I am down and, oh, my soul, so weary.

When troubles come and my heart burdened be.

Then I am still and wait here in the silence.

Until you come and sit awhile with me.

You raise me up, so I can stand on mountains.

You raise me up to walk on stormy seas.

I am strong when I am on your shoulders.

You raise me up to more than I can be.

　　當我們心情低落、喪失自信時，唯有朋友的鼓勵才能讓我們堅強、無畏，以及超越自我的極限。感謝朋友鼓勵自己的同時，也要自我期許也成為能陪伴別人的好朋友。

在未來職場上，必然需要與他人相處及共事。大學階段要先學會分工合作、授權、信任，而非不與他人溝通協調，一味把工作往自己身上攬。可學習的地方很多，例如：

1. 住宿時與室友輪流洗碗、拖地、倒垃圾、採買等。

2. 小組作業時分工、各展所長。

3. 社團經營之各司其職、知人善任。

4. 打工場合的互相教導、支持與幫忙。

其他如一般人際關係與愛情，都要有團隊合作的觀念。朋友之間要平等互動、互敬互助，不該將某些人視為「低人一等」，而要其扮演長工或婢女的角色。在愛情方面，如果你的男朋友／女朋友很懶惰或很依賴你，就會增加你許多「甜蜜的負荷」（花費時間、體力、精神），這時你就該好好思量，你願意「甜蜜」多久？

⊕ 借用別人的經驗與智慧

即使是可以一個人完成的工作，也要試著以團隊合作的方式去做，也就是要多請教「良師益友」，他們寶貴的經驗、智慧與方法，能幫助我們走在正確的道路上（避開冤枉路）、使用更有效的方法，且更快速的完成工作、達成目標。以大學生來說，不論是短期目標，例如：系學會或社團辦活動、想轉系或修輔系，甚至是愛情問題；長期目標，例如：就業與升學準備等，都可多詢問、多參考別人的經驗與建議。

以考研究所來說，我自己考博士班時，因大意而名落孫山，重考那年的心情就特別忐忑：一方面知道自己算有實力，另一方面又擔心「天有不測風雲」，上次的「意外」重演（漏讀了一份重要論文）。我想把自己藏起來、不讓別人知道我重考，但彷彿「掩耳盜鈴」般的可笑。於是我決定反其道而行，去詢問每一位考上博士班的學長姐，請求他們指點迷津。結果各種建議均有，因我儘可能問過每一位考取博士班的人，才能「獲得」

最適合自己的方法。天下沒有不勞而獲的事，包括懂得「求教」與「求助」。

多參加「一群人」共同努力的活動

　　一個人的成就，與一群人一起努力而獲得的成果，是不同的。在參加棒球比賽、大隊接力比賽、拔河比賽、合唱比賽、啦啦隊比賽等與一群人一起努力的活動之後，一定會對群策群力的能量感到震撼與感動；附加價值還包括「同甘苦，共患難」的革命情感，以及相互支持的「生命共同體」之團體歸屬感。家人情誼或力量，就是最基本的「一群人」。我的家庭因為清貧，所以自小就要幫忙家事及家計。當鄰居誇獎我懂事時，我的父親就會說：「那是因為孩子們懂得『有福同享，有難同當』啊！」

　　要達成目標，不只要有計畫，更需要行動，最快速的成功法，是與人集體行動。若你想增進演講辯論能力、英語能力、寫作能力等，參加社團、組成讀書會是最好的辦法。除了有例會、培訓、出隊之外，還有跨校、國際交流及競賽機會。在老師、同學及對手的督導、訓練、競爭、修正之下，成長快速而顯著，而且通常「免費」，既省時又省錢。

第三篇

變好：
當路況變得艱難

忙不過來怎麼辦

如果你常說：「忙死了！」這表示你正在「自欺欺人」。因為你嘴上說的、心裡想的、實際做的，三者並不一致，才會把行程排得那麼滿，未經思考就答應自己沒有把握的事，卻又應付不來種種突發狀況。你到底在欺騙什麼？

　　可能你怕空虛，欺騙自己「忙碌代表充實」。
　　可能你怕寂寞，欺騙自己「忙碌代表友誼」。
　　可能你怕失敗，欺騙自己「忙碌代表成功」。

你怕的愈多，騙得就愈厲害，也愈忙不過來，離「真正的自己」會愈來愈遠，內在也愈來愈擔心因「瞎忙」、「白忙」而虛度光陰！

 《校園記者：佳恩》

「明天有兩個報告、一個考試，社團要找時間練習，晚上還有營隊要開會……。太多的事情搞得我頭昏腦脹，不知從何開始。索性先安定情緒，等心情好了再來處理事情。」

事情多得做不完，是許多大學生共通的煩惱。為了轉移壞心情，有人找朋友聊天，有人看綜藝節目，有人在 Facebook 上發文，有人漫無目標的瀏覽網站，以各種活動暫時逃避壓力與焦慮，但問題終舊存在。

壓力太大是該適時抒發，但還是得面對壓力「來源」──為什麼有忙不完的工作？先來探究忙碌的原因吧！表面上是事情太多，但你可曾想過，這代表著什麼意義？

是否時間管理出了問題？

是否不經思考就把事情都往自己身上攬？

忙的事情是早就知道「期限」，還是突發事件？

是真的沒時間做事，還是有時間卻不做事？

　　若找不到「源頭」，不能根本解決，就會陷入「忙不過來」的流沙，使危險迫在眉睫。可行的解決方法如下：

1. 改變做事的順序：「重要的事」先做，不要被「緊急的事」綁架。因為重要的事需要用心處理，匆忙當中很難將事情做好。如果把「重要而不緊急」的事擺著不做，之後就會因為「期限」將至而變成「重要而緊急」的事，生活將陷入不斷趕工的慘狀。我們常喜歡把簡單的事情先完成，再去做困難、麻煩的事。然而，困難、麻煩的事往往很重要，需要花費更多時間，放到最後才做，時間就會不足。因此，我們要「有意識的」改變做事的順序，才能免於被進度追著跑。

2. 拋棄完美主義：完美主義不是不好，可使人發揮極限與潛能。但若太吹毛求疵，未完成的事就會累積得愈來愈多。

3. 向人求助：如果手上有十件事要做，但每個人的能力和時間畢竟有限，根本不可能做完所有的事！此時就應檢視：哪些事情可以請人幫忙、與人合作？如果總將事情往身上攬，不但讓自己處於緊繃狀態，做事品質也會降低。課堂的團體報告若只由一人包辦，誰會願意是那一個人？合作就是練習溝通的最好機會。

4. 學會說「不」：要學習拒絕，一味答應別人的要求，就是爛好人！在自己能力範圍內的事可以承諾，若時間或能力不允許，就不要勉強，應把機會讓給其他人。

5. 善用電話：現代科技發達，人際溝通的方式非常多元，但未必更省時間，例如：你需要找一位同學，用 Facebook 留言等他回覆，但不

知他到底看到了沒有，「已讀不回」也很無奈。打電話是最快、最方便的方式，可以當下說清楚，並確定對方了解自己的意思。

找到讓自己忙不過來的「大戶」

若常被「期限」追著跑，想改善就得先找到原因，可能是：想做的事太多、老是拖延、執行力不足、效率不彰、承諾太多、被其他團隊成員延誤進度、臨時交辦或請託的事太多、自我效能低落等。一定要找到病根，尤其是「大戶」——主要原因，才能「對症下藥」、「藥到病除」。否則同樣的問題會以各種面貌出現在不同場合，讓你重蹈覆轍、因小失大，吃力而不討好。

以「想做的事太多」這項來說，我們可能「日理萬機」嗎？或「為什麼要日理萬機」？能否改善工作效率？例如：簡化某些工作、減輕不必要的負擔。但相反的，我們也非自己想像的那麼忙碌或脆弱，某些時候事情降臨、基於職責不得不忙時，先不要滅自己威風，而要加強「韌性」與對成功的自我期望，把「不可能變可能」。

《理論與人生智慧》

2007 年，罕見疾病基金會成立了「不落跑老爸」家長聯誼團體，鼓勵罕見疾病家庭的父親勇敢承擔。其中來自六個家庭的父親，有國中教師、網站設計師、捏麵人師傅、課輔班老師、教會行政主任、計程車司機，組成了「睏熊霸」樂團，由四分衛擔任教練。六個人從不會使用樂器到站上海洋音樂祭舞台，面向大海獻唱〈一首搖滾上月球〉（陳如山作詞、作曲）。

《一首搖滾上月球》這部紀錄片，透過鏡頭記錄罕見疾病家庭最真實的一面。六位老爸組團，除了一圓年少時的夢，更是一種情緒上

的宣洩與抒發。因為他們有著一定得面對的生命課題，不知道能陪孩子走多久，只確定自己不會落跑。其中有人必須父兼母職，一個人撐起孩子頭上的那片天。

2013 年，這部紀錄片獲得了第 15 屆台北電影節「觀眾票選獎」、第 50 屆金馬獎「最佳原創電影歌曲」，以及第 33 屆香港電影金像獎最佳兩岸華語電影。原創電影歌曲〈I Love You〉（陳如山作詞、作曲）當中唱著：

　　　　喜劇電影拉開了布幕，你的劇情絕對不認輸。
　　　　我和生活不停地戰鬥，終於了解堅強其實最溫柔。

除了紀錄片之外，他們還出版了《不落跑老爸》這本書（呂政達著，2013 年，天下出版），描述罕病兒的老爸們用盡每一分力氣，讓孩子不僅生存下去，還能享受有尊嚴的人生。老爸們在眼淚與笑容間不斷振作，也鼓舞其他人勇敢面對生命的橫逆。

 ## 《校園記者：佳惠》

佳恩與方華是十分要好的同學，倆人常一塊上課、一起吃飯。有一天上課時，佳恩看出方華心不在焉、若有所思，便關心的詢問。方華苦笑著說，家裡經濟出了一些狀況，以後要自己賺取學費和生活費。

這對於自小生活無虞的佳恩來說，是件陌生、遙遠的事。眼看方華在課後戴起頭巾到餐廳打工，佳恩雖為方華感到心疼與惋惜，但也佩服方華的堅強與勇敢。

有時，大學生常把自己看「小」了，以為應該在父母和師長的保護下成長，忘了已經成年，該為自己的行為與生活負責。不是所有大學生都能過著「由你玩四年」的生活，有些人需要承擔更多責任。遇到困境時，抱持著坦然、勇敢的態度去面對，無須埋怨、逃避，生命自然會找到出口。

其實，就算你不需要為衣食煩憂（包括父母反對打工），依然可以穿上圍裙、戴起頭巾，找個「部分時間」的打工（還是要找機會跟父母溝通）。除了可減輕父母的負擔（以及買禮物孝敬父母），還有許多附加價值，例如：增加自己的存款、建立人脈、培養責任感、加強工作效率等。**趁此機會還可以從客觀第三人的眼光來認識自己、自我改善**，磨練日後職場所需的溝通協調、問題解決、創新等能力。這種社會學習，能讓人脫胎換骨。

大學生若現在已覺得時間不夠用、事情做不完，將來還要兼顧家庭等其他負擔，會更分身乏術。所以學生時代就要學好時間管理，日後才能從容應付來自四面八方的要求，否則**就業後若無法同時應付好幾件事情，會成為「假性過勞」**；因適應不良、自信心受挫，而無法發揮自己的才華。工作做不完、做不好，成為別人的負擔。若因而控制不了自己的負面情緒或常常抱怨，還會破壞人際關係。忙不過來或無法自我調適，真是壞處多多。

2

為什麼慢不下來

21世紀的一個重大社會問題是，每個人同時要承擔多項任務，所以做什麼事都匆匆忙忙，例如：狼吞虎嚥地吃速食餐，走路橫衝直撞或開車超速，總希望等待的時間愈短愈好，「便利」就是王道。直到有一天驚覺，雖然那麼忙碌，卻沒做多少有價值的事！就如朱自清所寫的散文〈匆匆〉：

在逃去如飛的日子裡，在千門萬戶的世界裡的我能做些什麼呢？

只有徘徊罷了，只有匆匆罷了；

在八千多日的匆匆裡，除徘徊外，有剩些什麼呢？

過去的日子如輕煙，被微風吹散了，如薄霧，被初陽蒸融了，

我留著些什麼痕跡呢？我何曾留著像游絲樣的痕跡呢？

我赤裸裸來到這世界，轉眼間也將赤裸裸的回去罷？

但不能平的，為什麼偏白白走這一遭啊？

《理論與人生智慧》

羅塔爾‧塞維特（Lothar J. Seiwert）所寫的《趕的話，就慢慢來》（*Wenn du es Eilig Hast, Gehe Langsam*）一書中，提出了10個檢視你是否得了「匆忙病」的問題（吳信如譯，2004，頁29-30）：

1. 開車時通常會超速十公里以上。

2. 常打斷或終止別人的談話。

3. 開會時若有時離題會很沒耐心。

4. 很難尊重經常遲到的人。

5. 為了在排隊時搶到前面的位置而加快腳步。

6. 餐廳或商店的店員讓我等一分鐘以上就會失去耐心及抱怨。

7. 覺得說話、決策或動作很慢的人能力不足。

8. 整天遊蕩是浪費時間。

9. 為自己能如期完成工作感到驕傲（即使還有改善產品的機會）。

10. 常催促家人或孩子做事。

在上述情況中，有一種即得 1 分，4～6 分表示已在危險邊緣，超過 7 分則須立即採取行動，降低匆忙指數。

上述 10 點「匆忙病」的徵兆，在你自己、家人、周遭朋友身上的狀況如何？常聽人說，在台灣開車很難，想一輛跟著一輛慢慢開，幾乎不可能！總有人趕路或搶快，尤其是在高速公路上，內側超車道總被占用，彷彿不超過最高速限就是吃虧。有些人聽別人講話很不耐煩，總希望對方快說重點、加快語速。等待更是令許多人抓狂，或不管別人做不做得到，「馬上辦」才代表高效率。

快比慢來得好嗎？

在日常生活中，安排給「無所事事」的休閒或放鬆的時間太少，因為有人會誤以為那代表「魯蛇」（Loser）的人生，是工作不順遂、低收入、沒有愛情的人才會做的事，與「人生勝利組」（Winner）相較──趕行程、沒空檔，恰好相反。會變成這樣，可能是因為從小活在父母的催促聲中，「慢」代表笨、反應差、能力弱，所以無論如何都要追上別人的腳步，深怕落後。但反之，「快」一定代表聰明、反應佳、能力強嗎？快快做完卻未做好，或快速做了一大推不重要的事，有什麼價值？

匆忙病（hurry sickness）是一種行為型態，心裡總覺得匆忙與焦慮，一直有被催促的急迫感（urgency）。預防匆忙病，需要學習放慢腳步、放鬆心情，要常常深呼吸及長時間的散步，也要常保感恩及正向的心態，多看事物美好的一面。所謂「**放慢腳步**」，**不只是腳，更在於心，放輕鬆才能走遠路**！這卻是「知易行難」的事，人們會感歎：哪來那麼多時間可以放鬆啊？

心理學有「A 型人格」、「B 型人格」的區分，前者不能接受「時間有限」的事實，硬要跟時間搏鬥，總是在追逐數字及別人的認可，慾望永遠無法滿足，希望做得愈快愈好，所以行事風格多採取早期經驗而直接反應，較少創意。反之，B 型人格的人相信時間足以做完所有應做的事，能深思熟慮，能比較事情的各種可能性而加以實驗，所以更有創意及生產力，情緒較穩定，不容易被激怒。然而，不少人仍以自己是「A 型人格」而自豪，例如：《虎媽戰歌》一書的作者，美國耶魯大學法學院教授蔡美兒。

成為 B 型人格者

想成為 B 型人格者，就不要老是注意自己能力所不及的地方。要培養對於文學、音樂、戲劇、哲學、歷史、大自然等的興趣，不要只是工作而缺乏玩樂。玩樂能發現樂趣或鬆弛情緒，讓大腦更活潑、更有幽默感，讓自己不會因時間緊迫及肩膀緊繃，而內外焦躁或不耐煩。

有多少人懂得文學、音樂、戲劇、哲學、歷史、大自然的價值？有多少人捨得把時間投資在這些沒有生產力或產值的活動上？例如：家庭或學校教育在推動閱讀時，仍是匆忙的比賽讀了多少本書、多快能讀完、寫了多少張讀後心得，而非單純、無目的只要喜歡閱讀，不管讀什麼書都可以（包括漫畫）。

你有多久沒去看展覽、聽音樂會、觀賞歌劇或聲樂演唱了？你願意花好幾天的時間來個鐵道之旅、公路車環島、古道健行、爬山、露營、溯溪嗎？我們能居住在山上、海邊的機會不大，至少要能多去親山、看海、賞鳥、釣魚。大學階段是培養「B 型人格」的最好時機，例如：〈讓我們看雲去〉（鍾麗莉作詞，黃大城作曲）這首民歌：

年紀輕輕不該輕歎息，快樂年齡不好輕哭泣。
拋開憂鬱忘掉那不如意，走出戶外讓我們看雲去。

118

3

為什麼靜不下來

心情會影響工作效率，而情緒卻不是想像中那麼好控制，例如：

情緒浮躁、無法安心，怎麼辦？

情緒起伏很大、容易煩憂，怎麼辦？

一點小事就破壞原本的好心情且耿耿於懷，怎麼辦？

好心情無法持久，怎麼辦？

容易受外在影響或在意別人的批評而影響心情，怎麼辦？

 《校園記者：芷昀》

當我情緒低落時，好像掉進了一個「迴圈」，一直想著煩心的事，無法集中精神工作。如果有一定要完成的工作，就會邊做邊想。如果不是立即需要完成的事，就會先放下，改做其他不費腦子的事，例如：瀏覽有趣的網站。但這樣，有形無形中就浪費了很多時間。

我不是非常「目標導向」的人，所以容易分心，僅止於能把該做的事做完而已。相反的，也可能是完美主義，想把事情做好又沒有信心，就會難以「開工」；或在過程中覺得做不好而引起負面情緒，因此沮喪、提不起勁，也影響了工作進度。

如果要改善的話，就是不讓情緒這麼容易影響生活吧！另外，也要降低標準，以免因不夠滿意而造成失落感。將提升與轉換心情視為必要及首要的事，不讓負面情緒繼續干擾我的生活和工作。

《校園記者：欣學》

我不太容易靜下心來做事，只要有人走動或是狗在吠叫，都會讓我心情浮躁，覺得一直被打擾，只好東摸西摸。但一想到還有事情要處理就覺得很煩，但行動卻不一致，仍繼續逃避該做的事。

靜不下來的內在原因，一方面是「不斷回想已經發生的事情」，不論是負向或正向事件，回想即會干擾手邊正在進行的工作，尤其是晚上獨自一人的時候，更容易因想起白天發生的事情而分心。另一種靜不下心的情況是「心中有煩惱及壓力較大」，也就是還沒有解決的事情，會影響到手邊的工作。

外在因素即是環境，身邊若有影響工作、使人分心的事物，像是手機與電腦，就會靜不下心來。

要如何學會不讓周遭事物影響自己，或習慣吵鬧的場所呢？我會打開愛聽的音樂，雖然音樂放得很大聲，但反而能好好做事。我也要學會按部就班，一步一步完成每個階段的工作，而不是一直拖延、堆積。

定、靜、安、慮、得

「知止而後有定，定而後能靜，靜而後能安，安而後能慮，慮而後能得」（《大學》）。註解：「止者，所當止之地，即至善之所在也。知之則志有定向。靜，謂心不妄動。安，謂所處而安。慮，謂處事精詳。得，謂得其所止。」「知止」就是知道「止於最善」，以此為人生理想，才有一定的意志力，心就能靜下來、不妄動。不論到什麼地方，都能感到安穩，思慮自然周到，最後就能達到人生的理想。

現代人難得享受安靜，外在如環境的噪音、電視的聲響、人聲的喧譁，內在也不讓自己的腦子停下來，總是胡思亂想，神經繃得太緊，弄得精疲

力盡。靜下心來的方式很多，可以多嘗試，找到對自己有用的技巧；比起原地打轉、乾著急，更有機會使情緒安定、正向，消除無謂的煩憂。建議如下。

A.做些建設性的活動

不少人以聽音樂、看展覽、看電影、運動、放空、做手工藝、種花、做家事等，取代或忘卻心中繚繞不已的煩惱。這樣做是對的，即使只是打掃環境或出去散散步，都比想太多、坐困愁城來得好。

B.寫日記、與自己對話

有人以「自由書寫」的方式，例如：一般的日記、感恩日記、讚美日記、快樂日記等，提醒自己要知福惜福、排解負面情緒。這樣做是對的，「不知足」是人類的通病，要多與自己「正向」的內在對話（可學習冥想或靜坐）。

C.向人傾訴與請教

尋找有智慧、經驗的人（包含找心理諮商師晤談），聊聊你的問題，找到對症下藥的良方。這樣做是對的，你百思不得其解的困惑，對於過來人來說可能「舉重若輕」，甚至是「杞人憂天」。

D.閱讀書籍及觀看影片

多接觸勵志書籍、文章、影片等正能量的人物與事蹟，雖不是自己的直接經驗，卻能讓人受到影響而轉念、積極。這樣做是對的，尤其是這些書籍或影片可以「隨傳隨到」（到圖書館去借），絕不會拒絕你。

E.自我負責

也有人以「責任感」來自我期許與監督，希望說服自己靜下心來完成

手邊的工作。責任感的培養，從小就須努力，遇到困難及問題時，才能不依賴或逃避。這樣做是對的，不管付出多少時間與心力，也要對自己的成敗負責。

專注的功效

更積極的方式是學習「專注」，既可靜下心來，又可節省時間，是時間管理的上乘境界。上課專心，回家馬上複習及寫作業，吸收的效率最高。做事專心，完成的速度會更快。但這說來容易，貫徹執行卻很困難。不僅自己要克服東摸西摸、遲遲無法動工的壞習慣，還要抗拒別人有意無意的干擾。尤其是在今天資訊科技發達的世代，網路世界豐富多元，使人忍不住就被「抓走」，對任何事都很難專一。

《理論與人生智慧》

彼得‧杜拉克（Peter F. Drucker, 1909-2005）認為，我們的時間資源十分有限，所以只能運用在重要的事情上，因此要學會割捨，包括不再有生產力的過往活動。開啟一項新活動的同時，也應割捨一項舊活動（陳琇玲譯，2005，頁138）。專心在少數重要的事情上，做事才不會匆匆忙忙。他區分了高效能者與效能不彰者的時間管理方式，如下：

	突發事件的處理	工作的步調	工作的排序
高效能者	預估工作時間外，還會預留時間，以備不時之需。	不跟時間賽跑，訂定緩和的步調、穩健前進。	一次只做一件事，而且把最重要的事優先做好。
效能不彰者	低估工作所需時間，預期一切順利，結果預料之外的事總是發生。	總想趕快把事做好，結果卻「欲速則不達」。	總想一次做好幾件事，因此每件事的時間都不足。任一差錯，皆會影響全盤計畫。

　　「專注」有「前人種樹，後人乘涼」的功效，因為事情與事情之間常相互關聯——能將前一件事專心做好，就能幫下一件事順利進行，不論對個人或團隊，同時能節省時間。反之，若在小組討論時滑手機，聽別人講話時心不在焉，同時在浪費自己及別人的時間。

　　環境嘈雜也讓人難以專注，我自己在讀大學及研究所時都有此困擾。宿舍很吵，只好去圖書館看書。準備考博士班時，因為找不到安靜的地方而煩躁不已（有時圖書館沒位置，或懶得去圖書館）。博士班落榜後雖難過，但覺得不該給自己的失敗找藉口。在愈吵雜的地方，愈要訓練專注力，這種想法讓我之後在任何地方都可以讀書，寫博士論文或當老師時批改考卷，都很容易專注。

《校園記者：佳恩》

　　只有在專心做一件事時，才會達到最高效率。你是否容易受到外在環境的影響呢？才開始認真不久，就想拿起手機看一下、想開社群網站滑一下，或想上廁所、想找東西吃，突然想起某件事情要做……。

　　如果你有上述情形，就需要事先排除干擾物，盡可能斷絕所有讓你不能專心的事物，像是把手機的提示音關掉並拿到遠處，把社群網站的帳號登出讓自己不能輕易地打開，甚至把網路關掉，這樣就能避免分心，做起事來效率更高！盡早把該做的事情完成，也是促進專注力的良方。

　　「找一個適合做事的環境」與「斷絕所有干擾物」有異曲同工之妙，同樣是為了讓自己更專心的處理事情，提高做事效率。不同之處在於，每個人認為適合的環境可能不同：有人喜歡極度安靜的地方，有人喜歡有隱密且具安全感的空間，有人喜歡戶外大自然，有人反而在吵雜中更能專注。所謂適合的環境，可能是家中、宿舍、圖書館、咖啡廳、速食店等，你可以嘗試到不同地方「體驗」一下。一旦有了適合及習慣的地方後，只要一

到那個環境，自然而然就能靜下心來處理待辦事項了。

如果你沒有上述分心的情況，恭喜你！你真是個自制力很強的人（應該是瀕臨絕種的動物了）。

一般人的專注時間都不長，國小上課一節 40 分鐘、國中 45 分鐘、高中 50 分鐘，時間到了一定得「下課」。大學有時連上兩節 100 分鐘，不表示大學生可以專注 100 分鐘。即使是成人，專注力也不過維持 20～30 分鐘。硬撐或假裝專心，工作效率仍會逐漸遞減。由於一般人很難專注太久，所以時間管理可以配合正常的專注水準，安排一個小時做 2～3 件事，做每件事的時間為 20～30 分鐘。因為變換工作，才能專注更久。所以我在大學上課，一節課裡也經常變換教學活動。

如果不變換，兩、三個小時做同一件事，事情雖然做完了，卻會造成身體疲倦、心理厭倦、創意枯竭等，無形中，使人愈來愈害怕工作，若對工作產生反感，就更懶得去做。不喜歡時間管理的人，通常不習慣事情中斷的感覺，總喜歡一氣呵成，表面上看來很有衝勁，之後卻不能承受更多壓力，較容易停留在舒適區，不願接受新挑戰。會造成這些狀況，當事人不一定知道，這也是不做時間管理的隱形損失。

煩惱太多與環境雜亂一樣，會令人分心。容易煩惱或「小題大作」的人，可能是自己的經驗或歷練太少，覺得沒信心做好某些事或不能解決某些問題。或因完美主義作怪，不能接受一點瑕疵，於是讓自己動彈不得。也可能太在意別人的觀點，覺得動輒得咎，也會使人失去工作動力。

可以「同時處理」幾件事

做較輕鬆或慣性（自動化）、不太需要思考的事，可以一心二用，例如：穿衣服、洗澡、做家事、洗刷物品、整理東西時，可以邊聽新聞、聽音樂、跟著 CD 唱歌、想事情。開車雖已是熟練的技術，但因路況及天氣常有變化，可以聽音樂或廣播（職業駕駛人甚至也不被允許），但講手機就會影響專注與應變（即使是免持聽筒），造成自己與別人的危險。過馬路也一樣，千萬不能邊走邊低頭滑手機。

互補、相應、搭配

通勤時間若不是自己開車，而是搭乘大眾運輸工具時，在來回不算短的時間裡，就可以好好規劃運用，可練習英文聽力、看書、背英文單字、工作計畫、構思、培養創造力等，長久下來，就多做了許多事情。千萬別只是發呆、補眠，也不鼓勵一直滑手機（除傷害視力，電磁波也會致癌）。

有時幾件事放在一起做，不但不會互相干擾，還可能「共生」、相得益彰，例如：阿基米德原理就是洗澡時想出來的。阿基米德（287 B.C.-212 B.C.）是古希臘最富傳奇色彩的科學家，他的父親是天文學家和數學家。9歲時到埃及亞歷山大城念書，跟隨許多著名的數學家學習，包括有名的幾何學大師——歐幾里德（325 B.C.-265 B.C.）。多年後回到故鄉敘拉古時，國王出了一道難題考驗他。

國王有頂純金的王冠，懷疑金匠不老實，可能摻了「銀」，但又不能把王冠毀壞來鑑定，就問阿基米德，怎樣才能知道王冠是不是純金的？阿基米德想了好久，有一天洗澡時他發現，坐進浴盆時，許多水會溢出來，他聯想到：溢出來的水之體積，應該等於他身體的體積。若拿與王冠等重的金子放到水裡，看看它溢出來的體積是否與王冠的體積相同，就可以知道王冠是不是純金了。想到這兒，阿基米德高興的從浴盆裡跳了出來，光著身體邊跑邊喊：「尤里卡！尤里卡！」（希臘話：發現了）。阿基米德成功揭穿了金匠的詭計。

拉長時間看，哪些事該同時進行、齊頭並進？

可以「同時處理」的事情，不僅指一、兩個小時的短時間內的事，也該拉長時間來看，將某些重要的事在三、五年內同時並行。以大學階段來說，學業、證照考試、打工、愛情、社團、創業、人脈等，可以「同步兼顧」嗎？有那麼多時間及精力嗎？或該以什麼為重、什麼可以先捨棄？判斷的準則是什麼？

若一件一件事情排著隊做，時間上並不經濟，也可能來不及。不少人多年後才懊悔，為什麼當年沒想到兼顧某些事情呢？最常聽到有人後悔在大學及研究所階段太專注於課業、創業、證照考試，而「有意識的」將愛情、社團、人脈等擱置，認為等到學業或事業有成，再來找對象、交朋友也不遲。但奇怪的是，即使有了高學歷和高收入，具備不錯的條件後，仍不能吸引到想要的對象或朋友。這時才驚覺某些中斷的事情，再銜接似乎已經來不及。

我自己的兼顧經驗是，18～22 歲時對於學業（含升學）、打工、愛情、社團、人脈等，一個都不放過。22～30 歲之間，結婚、生子及讀研究所一起進行也不違和。我碩一時懷孕，碩二時生產。我念博士班時，每天要接送孩子上幼兒園。學業、事業、結婚、照顧子女，在同一時段內進行。30 歲時我取得博士學位，兒子要讀小學一年級了。

一般人特別佩服女性能「兼顧」事業與家庭，因為女性在傳統上須承擔更多家務、更少自我實現的空間。以我而言，先生是職業軍人，遠在高雄工作，每週最多回家一次。我與公婆同住，難免有些角色衝突（請發揮想像力）。當然，不可否認的，公婆也是我成功的最大助力。但可以的話（夫妻不是分隔兩地時），還是應「性別平等工作」，一起承擔家庭責任。男女都不要固執於所謂「傳統角色」，這會使女性「過勞」。

量力而為的「兼顧」

「同步兼顧」仍要量力而為，有些大學生的打工時數超過上課時間許多，甚至每天上夜班或從事有業績壓力的工作。剩下的時間與體力，幾乎不夠複習功課、寫作業、跑圖書館及睡個飽覺，不免會影響課業與健康。有些學生因此蹺課過多或上課精神不濟，我會提醒他們：「這樣值得嗎？」（指浪費學費及黃金時光），他們卻說：「我覺得在學校學不到東西，工作的地方能快速成長。」

但有個學生第一次「被二一」後（超過一半學分不及格，第二次即可能退學），語重心長的告訴學弟妹：

> 「我打工的表現很好，受到老闆賞識，從夜班變成正職，賺了不少錢。本以為就算讀完大學也不會比現在更好，所以打算放棄學業。但後來卻發現生活愈來愈空虛，錢再多也不快樂。所以趁著還有機會重來，我毅然決然辭去工作，重回純樸的學生生活。現在，我真的很快樂。」

也有大學生因為擔任社團負責人，為了辦活動而蹺課、熬夜。固然活動辦得很成功，自覺很有成就感，但若無法兼顧學業、身體健康、家人關係、打工、愛情等，是否會得不償失？也有少數學生偏重愛情而忽略學業、家人關係、打工、一般人際關係等，最後因早婚、早生而放棄大學生活（與學位），這樣真的不會遺憾、沒有負面影響嗎？所以我特別鼓勵因結婚生子而「暫時休學」的大學生，一定要回學校把書讀完。

5

何時該前進、何時該捨棄

什麼事情該拒絕，或是該承諾？判斷的標準不僅是「別人的要求」，也包括「自己的目標」。每個人的時間及能力都有限，必須學習「取捨」，把「不必要、不重要」或「做不到」的事省略及拒絕，例如：某些社團活動、某些朋友的聚餐或出遊、某些打工等。即使是必要或自己擅長的事，也要公平、合理的分配時間，例如：與家人共餐、培養運動習慣、學習領導統御、考取專業證照、參加某項才藝表演或競賽等，不可能什麼都想要。

《校園記者：佳惠》

　　家住南部，剛考上北部大學的瑋瑋，開學前參加了地區校友會的迎新活動。學長姐散發的自信及團體融洽的氛圍，深深吸引了瑋瑋，當下立即報名校友會的活動。

　　開學後，瑋瑋在系上的迎新營隊上也感受到類似校友會那樣的歡樂氣氛。瑋瑋決定好好把握校友會及系上這兩個大家庭，積極參與兩邊的活動。

　　於是，瑋瑋參加了校友會的寒假返鄉服務營隊，也加入了系學會的大一合唱團，每天行程滿檔。雖然讀書時間相對減少，但瑋瑋覺得很充實。

　　大一下學期，瑋瑋發現課業不像上學期那麼容易，參加活動時也不如想像的快樂，幾個活動的練習時間又常常撞在一起，瑋瑋開始覺得負荷不了，而且還陷入學業成績退步的泥沼中。後來，因為開會時常缺席、做事拖延，招來團隊成員的抱怨。

　　大學是個充滿機會的場所，只要肯嘗試、耕耘，不論在學生會、社團、志工、國際交流，或是做研究、實習、創業，都有發揮的舞台。然而，需

要深思的是：「我究竟要的是什麼？」、「我想過怎樣的大學生活？」

• **捨棄的藝術：認清自己的底線，以不超出負荷範圍為原則。**

捨棄也是一門藝術，唯有捨棄，才能知道自己真正想要的是什麼，才會珍惜留下的事物。瑋瑋便是忘了檢視自己的底線，未認清能負荷的範圍。

瑋瑋同時參加服務營隊與系上大型活動，二者的練習時間密集，本就有衝突的可能。想要兼得兩個活動是有風險的，此時的「捨棄」便是智慧的表現。

現今大學生多數的問題是參加太多活動，想做的事情太多，例如：社團、打工、雙主修、輔系、寒暑假出國遊學或實習等。這些事物不是不能同時進行，而是必須考量有沒有足夠的時間與能耐。

別為了做人情而接超過能力範圍的事，好比擔任某某活動的總召。就算是學長姐的人情壓力，如果真的做不來或另有規劃，還是要坦白說出，千萬別害怕拒絕。拒絕也是表達自我意見的一種形式，不必感到不好意思或愧疚，有時拒絕反而更能讓別人知道你是什麼樣的人。

若是重要的人情或自己也想嘗試的事，便要有面對未來困難的準備，並做出相關的配套，例如：成績不易顧及，因此不要選太多門課，以免負荷不了。

⊕ 學習判斷與拒絕

朋友約你吃宵夜或看電影，但你很累了、想睡覺，或已安排要寫完某份作業，此時該不該答應？取捨的原則應看「事情的重要程度」，基本上寫作業應比看電影、吃東西重要。但也許你會掙扎，最後仍決定陪朋友去看那部你不喜歡的電影、吃了讓你半夜拉肚子的麻辣鍋，第二天還爬不起來上課，只因為你擔心朋友生氣、影響友誼，這時你會認為「友誼比課業

重要」。

學習「拒絕」難在要拒絕的對象，你很難拒絕好友、親密愛人、家人。但，不拒絕的損失，並非表面上浪費兩個小時，有時更為慘重，例如：父母要求你選擇一個自己不喜歡讀的科系，你不敢反抗，於是你浪費了四、五年的大學時光。依此類推，不少人因不忍心傷害別人而不敢拒絕，卻委屈自己去做不情願的事。即使是對父母，仍是「不明智」的作法。對於愛情也一樣，不僅自我委屈，不敢拒絕而拖住一個你不愛的人，對他（她）也不公平及浪費時間。

設定「自己的目標」亦然，如果想做的事太多，就該重新取捨與調整，否則容易因小失大、顧此失彼。最明顯的例子是，為了愛情、社團或打工而耽誤課業、家人與健康。固然，愛情及社團讓人快樂，打工可以解決經濟問題，但若占據太多時間，就沒有體力去做其他的重要事情，所以要儘快調整、迷途知返，不能妨礙本分與正業，或因此忘了自己原先的理想與更重要的目標。

接受新挑戰也一樣，要有自知之明，得失之間須取得平衡。若沒有確實的能力及長遠的計畫，還是不要太衝動、冒進。有些事固然值得嘗試，但要斟酌你是否能付出成功必要的代價，例如：修雙學位、出國遊學打工、進軍演藝圈、與人共同創業等，這些事情可能要求你暫時休學或延畢，至少需要付出一年以上時間及金錢的投資，甚至可能要放棄學位。這時就應好好思考，並多與父母、師長、有經驗者商量。

增強活力，不被外界拖累或擊倒

團隊工作（teamwork）不論如何分工、授權，仍不免會遇到不負責任的隊友，拖延大家的進度、減損工作的士氣、加重別人的負擔。不僅被他氣得要死、急得要命，還要花時間找他「溝通協調」。最後多半人會選擇情願累死自己，也不寄望隊友能改變，或乾脆直接放棄那種隊友。但在你放棄別人的同時，也犧牲了自己的某些理想與目標。這份挫敗會造成日後的陰影，「杯弓蛇影」之下，總以為還會碰到類似的人。

曾經被拖累或擊倒之後

儘管曾被人拖累，也不必「因噎廢食」而逃避團隊合作的機會，誤以為與別人一起工作，效率必然較低。我們當然要慎選隊友，包括：室友、小組組員、社團幹部、打工夥伴等，避開懶惰、愛閒聊、愛抱怨、做事不專心、常拉你去閒逛的損友。一般交友也應如此，才能避免浪費寶貴的時間。但職場夥伴多半無法自由選擇，所以要在學生時代就學會怎樣和各類型或不同性格的人相處，仍能有效完成工作。等到打工或未來進入職場時遇到「很難溝通」的同事、上司及客戶，才不會大驚小怪。

團隊工作時，若願意或被推舉為領袖，例如：擔任小組長、小老師、總召、教學助理、社團幹部等，都是很好的學習機會，可設法把拖累團隊的人，轉型為有用的人。記住哪些人是愛拖延的「麻煩人物」，再「對症下藥」採取有效的對策。學習以積極的態度從事「衝突管理」，以理性及冷靜的態度解決問題。先深入了解隊友不負責任的原因，再請大家心平氣和的討論都能接受的問題解決方式，其目標在使自己的心情不受影響，團隊的進度能及時跟上。學會這項領導與協商的本領，對自己未來的事業與升遷，必有很大的幫助。

還有一種拖累狀況，你可能毫不自覺，甚至甘之如飴，那就是陪伴你的親密愛人。為了討好他／她的歡心，你心甘情願把他／她當成全世界。若他／她太依賴，凡事都要你陪伴，甚至要你幫忙記住或代替他／她去做

某些事情，你的時間因此被大把瓜分。萬一你們開始爭吵，而且不斷爭吵，寶貴的時光及人生就將全毀。我的鄰居有對夫妻經常口出惡言、大聲口角，太太的尖叫與哭泣聲（夾雜著小孩的驚嚇與哀求聲）已夠「震撼」（放心！我已經打電話報警了），但先生的吶喊與無奈更讓人鼻酸：「你這樣三天兩頭的吵，日子要怎麼過啊？」

怎樣保持平衡、不被外界擊倒？

於公於私，想脫離被別人拖累、受外界影響的危機，最有效的還是自己先成為優秀的隊員，這樣較有機會被其他的優秀團隊網羅，至少能沉著的繼續做該做的事。想成為優秀團隊的一員，就要使自己擁有更多正面情緒。但每天不免有幾件不愉快的事情發生，所以要抓住更多（至少五倍）「讓自己情緒感覺良好」的事物，才能把自己穩住，不管外界多大的打擊或干擾，依然能夠挺立。否則表面上看來粗壯的大樹，仍可能在狂風暴雨的搖撼下被連根拔起。

《理論與人生智慧》

美國紐約時報專欄作家、哈佛大學心理學博士丹尼爾·高曼（Daniel Goleman, 1946- ）多年來倡導「EQ 教育」不遺餘力，在其著作《情緒競爭力 UP》（*The Brain and Emotional Intelligence*）（歐陽端端譯，2013，頁 81）中提到：

> 北卡羅來納大學心理學家芭芭拉·佛列德瑞克森（Barbara Fredrickson）發現，過著富足人生的人，也就是人際關係良好，能從工作中得到滿足，或是覺得自己的人生有意義的人，他們的正面情緒與負面情緒比至少為 3：1。在最優秀的團隊中，正面與負面情緒比是 5：1。

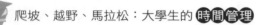

　　我自己的作法是寫「活力日記」，已從 2012 年 9 月開始寫，至今寫滿三年了。當時因為摔車（騎自行車）致左膝骨折，必須在家休息五十天。生理疼痛及力不從心，讓我愈來愈鬱悶。為了不讓自己被疾病拖倒（英雄最怕病來磨），就以預定拆掉石膏的 9 月 26 日為準，開始寫「倒數日記」，創造「更燦爛」的時光來抗衡負面情緒。第一天也就是倒數第 23 天（9 月 3 日），我寫著：

　　　　萬芳醫院骨科的何主任笑著說：「癒合的不錯，再三週應可拆石膏，要多些耐心讓骨頭長好。」是啊！教育工作何嘗不是如此，要多些耐心，才能讓學生回到正軌。

　　　　休息期間僅留一場演講，我「抱病前往」。不錯！這些大學新生對我的「殘障」頗有同理心，也趁此機會提醒他們不要浪費寶貴的人生。行動不便確實改變了我的思考與行為，要調整為「動」卻不要「過動」，「靜」也不能「過靜」。四肢健全時，不也一樣要「動靜皆宜」。

活力的來源

　　那天只寫了這些，即已產生鎮定情緒的效果。從此我天天寫，寫到第 23 天（倒數第一天）時，心情確實轉為正向了。拆掉石膏後，我決定繼續寫下去，只是將「作文式」改成「條列式」，每天記錄 20 件增加活力的正向事件。以下是我某一天的活力事件，並為讀者說明產生活力的原因。

1. 早起：覺得更有自制力、時間變多，可以好好吃早餐。出門工作前還有時間閱讀及寫作，做事特別有效率，生活特別充實。
2. 排泄佳：早上最容易出現結腸運動，起床後就上廁所或早餐後 20

分鐘排便最好。大便時別分心，邊看報、玩手機會降低對肛門肌肉的精密控制，久之可能誘發便秘。若早晨趕著出門，沒時間上廁所，「憋便」會導致水分被腸道反覆吸收、大便乾結，大便中的毒素被腸道吸收，會出現精神萎靡不振、頭暈乏力、食慾減退等症狀，嚴重者甚至會引發腸道癌。

3. 睡得早：若要睡到自然醒，就得早些上床。我花了多年時間才將睡眠時間先由凌晨1點提前到12點（11點～12點常有很好看的影集或連續劇），戒掉影集、改看不費腦子的迪士尼頻道、有深度的探索頻道或新聞報導，到今天已可於晚上11點前關燈睡覺，早上5點半～6點間自然醒來。因為睡得早，即使稍微睡不好，再晚也可在6點半起床。

4. 吃香蕉：這是便宜好吃的快樂食物，每天可吃一根喔！

5. 多喝水：以我而言，上課半天常只喝一杯300 cc的水，所以多喝水對我很重要。

6. 早上做時間管理：即使我已十分熟悉時間管理，但只要能做時間計畫，工作效果都會更好。

7. 新書寫作（愛情學分）：我的筆耕比不上農夫，但每天有一點時間就會寫一些，仍算「筆耕不輟」吧！

8. 與世新學生個別談話一小時：我讀教育研究所時攻讀心理輔導，曾在中國文化大學擔任4年學生輔導中心主任，所以很喜歡與學生交談，不論是課業或個別問題。但下課十分鐘並不足夠，我與學生常約在課前或課後一、兩個小時交談。

9. 練太極三次：我已學太極兩年了，我的老師說至少要再練三年才能脫離老師的指導。若有一天你在台北火車站看到有人以太極拳及敦煌舞方式「快閃」，應該就是我「出師」的時候。

10. 與家人共進晚餐：三餐中不論哪一餐都可以，要設法多與家人共餐，能同時獲得物質及精神的營養。

11. 打電話謝謝弟弟送我白柚：別把人家對你的好意視為理所當然，一定要儘快表達感謝。

12. 送SOGO禮券給兒子的女友：剛收到禮券時，我的第一反應是送給女兒。繼而一想，女兒不會因為一張禮券而覺得我對她的愛多一些，所以應該送給兒子的女友，也就是未來的媳婦，讓她知道我當她是家中的一分子。

13. 備課（生涯輔導）：備課時間永遠不嫌多，為了讓每個學生都聽得懂、有收穫，老師一定得比學生更用功。

14. 看電影（郎心如鐵）：這是喜歡寫作的我，最佳的休閒活動及腦力激盪方式；我差不多一天可看一部電影，或是看一本好書。

15. 打電話給媽媽（約好去看她）：我的父母在我幼年時離異，她另有新家。上大學以後，媽媽經常關心與照顧我（包括我婚後），她真是個好媽媽。如今她需要人照顧，我分攤一些費用，也常去看她、陪她說話。

16. 幾位政大學生下課來問問題：政大學生聰明又用功，但比起其他大學課後較少發問。如果他們能來與我討論一些事情（課業與個人的事均可），多些回饋或師生交流，我就很歡喜。

17. 教師研習中心邀約演講一場：對我而言，「演講邀約」像是美女經過時的「回頭率」；回頭看美女的比率愈高，表示該美女的吸引力愈高。

18. 新開課（社工師學分班）：我熱愛教學，新開課當然高興囉！

19. 與學生討論去台東之校外教學：這類體驗式課程，是我最近的教學亮點（之後還要去屏東、嘉義）。

20. 打電話給台灣科大的大四導師：有位同學缺課較多，我請導師幫忙了解，萬一情況嚴重，才能及時協助學生。台灣科大的導師非常熱心、負責，馬上答應聯繫該生。

這樣的日記，一天當中任何時間都可以寫。我有時一早起床就寫，有空時再寫一些，甚至可以「預約」好事的發生，也就是「提前寫下」今天要做哪些好事。20 件事在睡前寫完，以免明天補寫時想不起來。若堆積幾天一起寫，不僅不能達到激勵效果，反而會變成牽掛與負擔。

 ## 《校園記者：岱蓉》

小玲分享了她每天活力的來源——寫日記：

剛上大學的時候，覺得日子過得很混亂。因為以前有固定的生活作息，每天的事情規律而重複。上大學之後，參加了一些活動，雖然生活充實忙碌，但卻常常感到空虛，反而想念起以前單調卻穩定的日子。我想可能是沒有時間好好沉澱、專心聆聽內心的想法之緣故吧！所以我開始寫日記，寫下每天新鮮的事情和喜怒哀樂。當我把這些想法寫下來之後，逐漸的，我開始期待每一個早晨的到來，也慢慢找到生活的規律與樂趣。

很多時候，我們會在忙碌中迷失自己，莫名其妙的喪失活力。小玲用寫日記的方法深入了解自己，也重建了每天的活力。

不只寫活力日記，還可以「舉一反三」，寫「成長日記」、「讚美日記」、「感恩日記」或「行動日記」。總之，只要能儘快「寫下來」及繼續「寫下去」，就會嚐到活力大增的「甜頭」。

食物也是增強活力的好方法，例如：〈20 種活力食物，讓上班族抗老又防癌〉（吳若女，2002）一文中提到，富含抗氧化劑維生素 E、C 與 β 胡

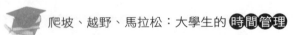

蘿蔔素的食物，包含：綠茶、蘋果、甜椒、綠花椰菜、芒果、杏仁、菇類、糙米、芝麻、番茄、橄欖油、大蒜、蘆筍、紅葡萄柚、海菜、木瓜、薑、甘藍、全穀類及豆類、各式莓類。以及〈趕走壞心情，10 種快樂食物〉（周佩儀，2014）一文中提到的：奇異果、毛豆、菠菜、芥藍菜、香蕉、糙米、鯖魚、蛤蜊、秋刀魚、黑巧克力。

7

如何讓自己維持「正向」

「行不行、敢不敢、會不會？」如果你的態度是前者，會讓你能積極解決問題；反之則讓問題惡化，自信心愈來愈低落。自己的情緒不夠穩定時，要盡可能躲開消極的人；聽他們抱怨及訴說自卑、受害的心情，不僅是浪費時間，也會使自己更消沉。想轉為積極且「百毒不侵」，作法是讓自己更正向、提高自尊，才能善用及發揮正面特質，把事情引導到正面結果。

《理論與人生智慧》

密西根大學心理學系畢業的湯姆・雷斯（Tom Rath），與外祖父唐諾・克里夫頓博士（Donald O. Clifton）合著《你的桶子有多滿？》（*How Full is Your Bucket: Positive Strategies for Work and Life*）一書。唐諾・克里夫頓被美國心理學會譽為「優勢心理學之父」（Father of Strengths Psychology），也是正向心理學的開山祖師（Grandfather of Positive Psychology）。書中提出的「水桶與杓子理論」（張美惠譯，2011）指出：

> 每個人都有一個無形的水桶，水裡的水會不斷增減，端視別人如何對待我們。水桶滿溢時，我們會心情愉快，乾涸見底時則令人沮喪。

> 每個人也都有一支無形的杓子，當我們加水到別人桶裡時——以言行為別人增添正面情緒，也會讓自己的水位高些；反之，如果你用杓子舀別人的水時——亦即你的言行有損別人的正面情緒，自己桶子裡的水也會跟著減少。

> 我們每一刻都在面臨抉擇：可以為彼此加水，也可以互相舀水。我們的人際關係、生產力、健康狀況、快樂與否，都深受這個選擇的影響。

《校園記者：芷昀》

我比較難保持正向態度，與其說自己有負面傾向，不如說我習慣先「做最壞的打算」。

比較負面思考的原因，可能是我對事情的標準很高，沒有達到自己或別人的要求，就會很焦慮。不過，這也是督促自己把事情做好的不錯方式！

與正向相比，或許「中庸」些比較好；不能太過樂觀、正面，否則會輕忽一些重點；但也不能過於悲觀、負面，以致於無法有好的心情做事。

《校園記者：欣馨》

我不會帶太多負向態度去面對他人或處理事情，這樣做起事來比較順利。我曾與很正向的人一起工作，十分愉快。受到對方正向態度的影響，做事更加快速、順利。

正向態度是動力的來源，這樣的心態讓人遭遇挫折時不會陷溺於失落中。因為有較高的自我期許，會提醒自己不要放棄，因此有了希望。正向態度不是過度強求，並非時時刻刻都要以「正向」為目標，這樣反而沒辦法接受人生的不順遂。一味忽略自己的負面情緒，也會造成反效果。

最好的狀態應是先接納自己的負面想法，再鼓舞自己產生正向力量。保持正向態度，給人的感覺較佳，使人比較容易親近。如果一直是負面態度，事情只會愈做愈差，愈來愈鑽牛角尖。

若你覺得自己不夠「正向」，可以「借力使力」，運用別人的能量來督促自己，甚至可以先完全模仿某些人，藉此強迫自己成長。我讀大學時，

在圖書館閱覽室，喜歡坐在專心投入的人附近。他們不但很少打瞌睡，而且讀書時「表情豐富」，還會手舞足蹈，彷彿完全融入書中情節或進入深層思考中。我只能學到皮毛，他們不累我就不睡。我也試著從書中發掘那些看不到的奧秘，至少可以沉思、假裝自己有些「深度」。

　　生活中有很多可以激勵自己的地方，例如：老師或朋友的話、好文章及書籍、喜歡的音樂及電影。若有正向的人在身邊，真是件蠻幸運的事；若目前沒有，就要主動去尋找以及多多接觸。如果持續負向心態，之後會懊悔、遺憾，沒能夠把事情做好。最保險的作法，還是學會自我激勵的內在對話。

《理論與人生智慧》

　　在《贏在今天：掌握成功的 12 個操練》（*Today Matters: Daily Practices to Guarantee Tomorrow's Success*）一書中，每天都要自問及牢記以下 12 件事（林明貞譯，2007，頁 51-52）：

1. 你的態度是正面或負面？
2. 你專注在你的優先順序上嗎？
3. 你的健康幫助你成功嗎？
4. 你的家庭狀況提供了對你的支持嗎？
5. 你的思考成熟並具創造力嗎？
6. 你遵守了自己的承諾嗎？
7. 你的財務決策是健全的嗎？
8. 你的信心活躍嗎？
9. 你的慷慨讓別人獲得益處嗎？
10. 你的關係被增強了嗎？
11. 你的價值觀使你有方向嗎？
12. 你的成長使你更好嗎？

《校園記者：岱蓉》

　　無論生活步調如何，若想要前進，就需要給自己動力（給自己加油）。這個動力可以是吃頓飯、與好友或親密愛人聊天，也可以是看電影、聽首歌。加什麼油最好？答案因人而異，選擇時還是要小心注意，否則有可能使自己更加疲憊。大學有很多社團或各式各樣的活動，適當參加可以放鬆，也能找到志同道合的朋友。若擔任幹部又無法如期完成工作，反而令人沮喪。在選擇「加什麼油」的時候，可以參考以下的建議：

1. **重質不重量**：進行休閒活動時，最重要的不是做多久，而是過程中全心投入的享受。時間太長可能會過度沉迷，難以回歸正常生活。

2. **自我更新**：追求自我成長時，會產生成就感與自省能力，都可以幫我們轉回正向的想法。

3. **身體與心靈的調和**：大學生常因生活不規律而難以保持健康的身體，因此多運動與放鬆心靈，可讓自己的思緒更清楚。

在「有時間」的時候
多做事

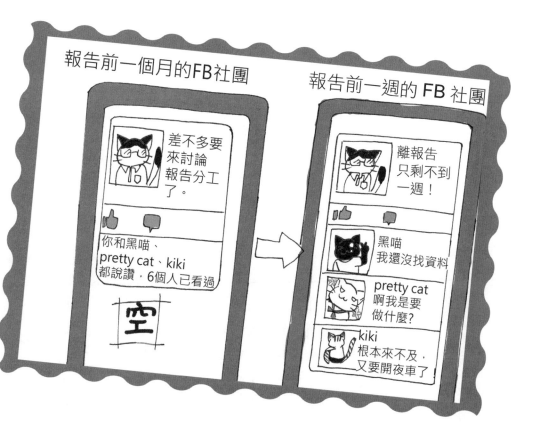

當「沒時間」成了口頭禪，就是必須學習時間管理的「最後期限」了。時間管理者珍惜任何時間，不論時間多少都能善加利用，於是變得愈來愈「有時間」，這就類似「小富由儉」的道理。反之，不少人以為「反正還有時間」就怠惰拖延、自欺欺人，遲遲不去做該做的事，最後反而失去所有時間，這就類似「坐吃山空」的窘境。

《校園記者：佳惠》

　　大學生不免有下星期要繳交作業、期末考，至今卻連一個字都沒寫、書也沒翻開的紀錄。此時只好閉關、熬夜讀書，趕在最後一刻「生出」（東拼西湊）報告，或「囫圇吞棗」背下課本與筆記內容，硬著頭皮去考試。還有人索性放棄任何補救的可能，選擇「開天窗」、「裸考」（完全不準備或沒讀完就上考場）或「人間蒸發」（缺考）。

　　不論你曾經當過哪一種人，共同的疑問與懊惱都是：「時間怎麼那麼少？」難道上帝偏心，給人不同的時間額度？還是時間走得太快？

　　我們都知道，不論貧富、族群、宗教、性別，每人每天皆擁有24個小時。善於運用的人，類似精於理財，會愈來愈富有；相對地，整天醉生夢死、浪費時間的人，只會落得透支甚至破產的下場，再怎麼感歎，也無法挽回已逝去的金錢（青春）。

　　小如與小秉都是中文系的學生，老師在期初時規定期末須繳交一篇一萬字的報告。小如認為到期末前一個月再做也不遲，始終沒有下筆。小秉則認為要寫一萬字報告不是件簡單的事，一定要儘早準備，以免到時候還要準備其他期末考試，忙不過來。

　　時間一天天地過去，早早動筆的小秉寫到「結語」時，小如卻連報告的主題都沒確定。因為小秉的時間充足，還額外補充了

許多資料，最後完成一篇近兩萬字的報告，超出原先預期。

交報告的時間接近了，才開始蒐集資料的小如，根本無法靜下心來閱讀。小如最終遲交了，而且字數未達規定。她不免懷疑自己的能力，也抱怨老師給的作業過於繁重。對倉促行事的小如來說，寫報告的收穫不大，與寫出完整報告的小秉相比，結果天差地別。

「有時間」的時候，時間壓力相對較少，是著手進行的理想時機。試想，那些在舞台上表演的樂隊、劇團、歌手等，會因為距離表演時間還早，而不提前準備與練習嗎？一場演出的前置作業，從確定主題、訂定時程、事前準備與練習，到驗收彩排、修改，再度驗收彩排等程序，在在都需要時間。唯有如此，才能練習、修改到完美的境界。

老子《道德經》第64章：「合抱之木，生於毫末；九層之台，起於累土；千里之行，始於足下。」告訴人們凡事需由基礎做起，事情的完成是由小而大的累積。對大學生來說，難度較高的工程，例如：撰寫報告、語言檢定、研究所推甄，乃至國家考試，應將之「分割」成好幾部分，搭配時間計畫來進行，這好比將論文分成幾章，規定一週寫多少字。照著時間計畫逐步去做，再浩大繁雜的工程也會變得具體而容易掌握。

瑣碎或容易完成的「小事」，最好當下「一次性」完成，以免又要花費時間和精力處理。課堂上認真作筆記，將重點抄得有條不紊，便可省去課後再次整理筆記的時間。一次就把事情做好，可以省去事後的麻煩。立即認錯改正、當下把話說開、及時回覆意見等，都能使人際之間避免不必要的誤解。

時間的富翁

趁著「有時間」的時候，快將「未來的大小事」做完或多做。小事如：明天要穿什麼衣服，現在就挑選、搭配，以免明天時間緊迫，抓到什麼就穿什麼，使自己變得邋遢，影響心情與動力；而且臨時更換衣服，會耽誤到下一個行程，趕行程又可能造成交通事故，損失更慘重！

不只是衣服，第二天上課要用的書籍、筆記本，也要在睡前準備好，當然還包括「課前預習」（這是老師最喜歡的學生類型）及「課後自學」（還可與老師或教學助理約時間自我加強）。課堂時間不等於學習的全部，上課前後的預習與複習，能讓你吸收、成長得更快。若想在考試及各種報告上獲得好成績，平時就要多讀一點、打好底子，不要等考前才急著「總複習」。「平時不燒香，臨時抱佛腳」，沒有誠意也沒有效果。

大事也可以在有時間時多做，例如：鍛鍊身體、維持標準體重、養成運動習慣、學習第二外國語或準備英語相關的檢定考試、考研究所及出國留學的準備、創業的練習等。經營「人脈」也是一件大事，平時要多關懷朋友、花時間與朋友交流與談心，否則不可能產生深厚的情誼。「凡事豫則立，不豫則廢」、「慢工出細活」，時間愈多成果才愈豐碩。在「有時間」的時候做事，是蒐集與創造時間的最佳策略。就像金錢使用原則：「開源節流」，才不用擔心「時間不夠用」。

有些人閒得發慌到需要「殺時間」，這不僅浪費時間，也使生活愈加乏味。另外，常見的是沒事時就享樂，把自己置入「完全放鬆模式」。過於緊繃是一種極端，但過於放鬆也是極端。過於緊繃後可以放鬆，但過於放鬆後卻難回到「工作模式」。工作與休閒如何搭配，確實需要學習與調整。日後成為社會人士或觀察父母和師長，應能有所體悟，他們可能因「身不由己」而值得同情，但若犧牲身心健康及家庭幸福，就悔不當初或無可挽回。大學時代如果常在「過於緊繃」及「過於放鬆」的兩端大幅擺盪，

152

或在「過於放鬆」之後就盪不回來，一定要趁此機會好好調整自己的時間管理。

人當然需要休閒，但「有時間」不等於是「休閒時間」。「有時間」的意思，一方面是指可以「提前做事」，在時間較多及心情較無壓力時效果更好；另一方面則指即使有較多空閒，如週休二日或寒暑假，也不全都用來休閒活動，仍要做些必要的「正事」。「休閒活動」不等於無所事事、一直上網、睡到飽，還是要規劃及分配動態及靜態、個人及團體等不同的活動，這樣不僅可以放鬆身心，還能兼顧人際關係（社交活動、親子活動）。

週休二日或寒暑假的「大塊時間」，若沒有好好規劃，輕易耗費在滑手機、上網或無目標的閒晃與參加活動，實在非常可惜！擔任老師的我，需要很多時間「備課」，多半利用假日及寒暑假等較充裕的時間，先行思考與調整自己的教學模式。身為大學生的你，在充裕的寒暑假時光中，又該如何把握與運用？

9

努力就一定會成功嗎

155

　　努力就一定會成功嗎？這須從什麼是「成功」談起。成功可能是穩定的工作、高收入、不錯的社會地位、買得起房子和車子、養得起孩子等，就是傳統所謂的「五子登科」（擁有銀子、位子、房子、車子、兒子），令人羨慕。但在今天「不吃不喝十年，也買不起房子」的年代，這樣的成功愈來愈令人希望渺茫，怎麼努力也難達成！

貢獻比成就更重要

　　我在大學及研究所階段，努力達成人生第一個夢想——拿到夢寐以求的教育博士學位（相信我！教育在當時是顯學）。剛開始，我以為「大樹好遮蔭」，「初出茅廬」的我，只想回母校台灣師範大學任教，其他很好的機會（也是公立大學）都予以拒絕（辜負了許多老師的美意）。因為心態不正確，謀職自然不順利。幸賴論文指導教授賈馥茗恩師的提點：

　　　　不要問你在什麼位置，而應問你有什麼貢獻。

　　一番領悟後才讓我的心情較安定，能夠沒有「位置」卻仍努力做有所貢獻的事，才是我想要做的。於是，我在中華民國全國教育會創辦了「教師溝通與口語表達訓練課程」，好幾年都班班額滿（學員須自費研習）。我陸續開創新班——教學溝通、親師溝通、學校公關、行政領導等，也寫了不少這方面的書籍。後來的教授升等論文，也寫「教師說話技巧：教師口語表達在教學與師生溝通上的運用」這方面的主題。

　　後來，恩師伍振鷟教授推薦我去中國文化大學擔任學生輔導中心主任一職，當時我以「私立學校學生較不好教」之錯誤心理而一再婉拒。但，有智慧的張鏡湖董事長勸我：

在你的人生計畫中，也許沒有中國文化大學這一站，但能否偶爾放鬆一下，不按計畫而靠緣分來安排！

於是我有了任教私立大學的經驗，五年之後我再到私立世新大學專任教授（也是五年），對於「因材施教」有了不同以往的體悟。同時，我也在公立學校兼課，學習到如何依團體差異教學，突破以往用聯考分數評價學生好壞的偏見。至今我總共教過中國文化大學、世新大學、台灣科技大學、台北教育大學、政治大學、台北商業大學、台北科技大學、國立體育大學、清華大學、實踐大學、台北市立大學、台灣師範大學等 12 所學校的學生，這也算是不同於其他教授的特殊經歷吧！

40 歲時我擔任二級主管，人生目標曾是朝一級主管邁進。但我萌生「辭去專職」的念頭，想趁有充足體力時，用「全部時間」做想做的事。45 歲我辭職了，比起別人 65 歲退休，整整提早 20 年。代價雖是「犧牲」了退休金，但從此能全心全力做想做的事，不再有任何藉口推拖。

現在我是個「自由工作者」（或稱「多職人」），在五個大學兼課（共10 班）、多個訓練機構的固定講座，每天都有時間寫作（已出版超過 60 本書），經常與學生談話，天天與家人共餐，常與朋友聚會，還可練太極拳或跟老公在夜間做長時間的散步。工作量不比從前輕鬆，但因時間自主，做的是自己喜歡的事，加上睡得好（早睡早起、睡眠充足），所以身體能夠負荷，心情也從容、愉悅。

50 歲後我選擇終身奮鬥的目標——籌設「無國界教師組織」，這個「頭銜」在名片上我放了拿下、拿下又放上。雖然已做了若干活動，但還沒有真正「大破大立」，所以不敢說「大話」。我一定會繼續努力，才能真正落實這項「教育大業」。

天下沒有不勞而獲的事

　　雖然努力不一定會成功，但不努力一定不會成功。我看到許多大學生非常努力，例如：修雙學位、輔系、學程，選修外系及其他領域的課程，不辭奔波的跨校選修。還有些你我都想不到的好學狀況，例如：台灣科技大學的學生會問我：「哪裡有可以免費聽演講的機會？」因為他們知道，許多學習要付出高昂的學費，如只依靠課堂內的學習，並不足以應付未來的職場需求。所以，在他們還無力負擔高額學費的此時，只能積極把握多聽幾場校內外免費演講的學習機會。

　　我也鼓勵學生不要擔心自己會不會成功，即使只是一小步或所謂「微改變」，都會累積成豐沛、甜美的成果。除了要多跟努力的朋友在一起，也要「好康道相報」，將好的課程、演講、活動等告訴好友，約他們一起選課、聽演講或參加活動，也就是「好人做到底」，推朋友一把，讓他們也能得到改變的機會。相對的，你也會得到別人的回饋，要積極嘗試別人給你的建議，才能獲得改變的機會。「改變不一定會更好，但不改變一定不會更好」，這是我的恩師林玉体教授的名言。

平衡內在與外在的矛盾、衝突

　　我讀博士班才開始學習「時間管理」，起因是內在（自己）與外在（他人）的矛盾與衝突。當時，我的學業和照顧 3 歲長子這兩件「要事」無法兼顧，也就是說，若要完成學位，就可能疏忽年幼的兒子。但兩者我都不想放棄，我對自己「要什麼」很有主見，即使周遭「重要他人」（我的婆婆）建議我放下博士課程，也不能改變我的「初衷」。於是我以「時間管理」策略，調和與家人之間的認知衝突，也緩解我的焦躁情緒。

　　我用不同的時間，分開來做「讀書」和「照顧孩子」這兩件要事。白天我送孩子去幼兒園，到黃昏接他回家的這段時間（大約 9 個小時），屬於我的讀書時間，我充分用來修學分及寫論文；晚上與孩子一起時，我就不讀書、不寫論文，儘量把時間留給孩子。這是我學習時間管理的源起，事實證明這帖藥確是良方。

　　我的小妹面臨比我更大的矛盾與衝突，孩子半歲時，她有機會到英國深造（約需一年半），但實在捨不得離開孩子。經過溝通後，三代同堂的公婆願意支持她、幫她照顧孩子，她才能達成人生夢想。雖然有一段時間的母子分離，但孩子仍能得到其他家人的悉心照顧。這一年半對母子關係並非損失，因為母親學有所成，成了孩子成長最大的動力，例如：國際觀與英語能力的培養，在小妹的安排之下，她的三個孩子都在讀高中前休學一年，到美國當交換學生。他們讀大學時，都有能力讀「全英語學程」；企業實習時，也有條件選擇外商公司。

⏱ 平衡內在與外在的矛盾、衝突

　　內在與外在的矛盾與衝突，幾乎是必然發生的事。長大後愈來愈少有「隨心所欲」的機會，總要顧慮外在的情境壓力，例如：讀大學後，你想搬到外面住、想打工、想參加某些較花時間的課外活動、想延畢、想出國遊學等，都需與父母溝通（因為學費及生活費由父母供應），但不一定能溝通成功或使父母改變態度。其他如課業上老師的要求、打工場所主管的

要求、談戀愛時男朋友／女朋友的要求、社團其他幹部對你的要求等，都可能產生內在與外在的衝突與矛盾，雙贏的策略之一就是時間管理。為了兼顧自己與外界的需求，調和內在與外在的衝突與矛盾，你可以這麼做：

1. **增加自己的工作效率**：快點把別人要求的事做完，滿足別人的需求，以爭取更多屬於自己的時間。
2. **表現給對方看**：別讓衝突白熱化，在對方看得到的時候，盡量做他所要求的事，滿足他的需求。
3. **重質不重量**：以我而言，不論是博士論文或是照顧孩子，都因為時間不足，無法盡善盡美，只能盡力而為。
4. **找人幫忙**：我的論文需要指導教授幫忙，我的孩子需要幼兒園幫忙，不要怕開口求助，否則別人怎麼知道你需要什麼幫助。我若非恩師賈馥茗教授及恩師黃光雄教授的大力幫忙，憑我自己根本不可能完成論文。

但，有些事則建議別做，只會有反效果，例如：

1. **不要覺得委屈**：即使別人不同意或不支持你做某些事，也別因此覺得委屈或不公平。既然是你自己的決定，就要堅強及堅持。自我可憐只會削弱動力與士氣，白白浪費時間與力氣。
2. **不要覺得虧欠**：若要達成自己的目標，可能會與某些人意見不合，或對他人有些疏忽，不要因此愧疚而想補償。若父母為了追求自己的理想，無法給予孩子更多時間，而用物質或溺愛來補償、不敢堅持某些教養規範時，對孩子反而是更大的損失。
3. **不要犧牲睡眠及社交**：如果為了滿足自己與別人的需求，而導致睡眠不足或缺乏社交與人際支持，心情一定不好，會因「遷怒」而影響人際關係及工作成果。

4. **不要放棄與對方繼續溝通**：即使暫時不能調和彼此的衝突，也不要
   忘了維護人際關係。要持續溝通，對方終有一天會了解你的需求，
   轉為欣賞你、支持你。

第四篇

創生：
羅馬之路、收放自如

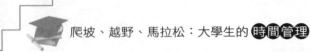

時間變多的訣竅

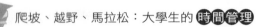

　　我們對時間管理並不算陌生，但也不算熟悉，一直是若即若離、忽遠忽近，這應該不是好現象，就如梁靜茹所唱的〈愛久見人心〉（彭學斌、陳沒作詞，彭學斌作曲）：

　　　　我常常為我們之間忽遠忽近的關係，擔心或委屈。
　　　　別人只一句話，就刺痛心裡每一根神經。

　　幸虧，時間管理也能像「好情人」般經得起考驗，這樣才能把握住屬於自己的幸福，亦如〈愛久見人心〉所唱：

　　　　存一寸光陰，換一個世紀。摘一片苦心，釀一滴蜂蜜。
　　　　用盡了全力，只為在一起。我愛不愛你，愛久見人心。

《理論與人生智慧》

　　彼得・杜拉克（Peter F. Drucker）認為，唯有不斷努力的管理時間，才能避免自己鬆懈下來。我們應努力找出那些不具生產力的活動，並儘量避免，包括（陳琇玲譯，2005，頁 126-129）：
1. 根本不必做的事：如某項活動對自己及組織都沒有貢獻。
2. 可以交給別人做，而且他們會做得更好的事。
3. 會浪費別人時間的事（這部分通常是上司造成的）。

　　彼得・杜拉克慎重提醒（陳琇玲譯，2005，頁 135）：
1. 所有高效能人士都必須隨時掌控個人的時間管理。
2. 他們不但持續記錄時間的運用狀況，也定期加以分析。
3. 他們判斷自己有多少自由運用的時間，並據此訂定重要活動的時程。

　　「實質時間」（一天24個小時）絕不會變多，但「相對時間」（如何運用）卻能夠增加，只要採取下列幾項基本法則，加上「自我導向」的舉一反三（依自己狀況而變化）。方法如下。

A.熟能生巧

　　如果你先花時間多做某些事，熟練之後就能「得心應手」（自動化），之後再做那些事情的時候不僅速度較快，工作的心情及成果也比較好。多做事絕不會吃虧，學到的本領別人搶不走。

B.提升讀書與工作效率

　　以考試來說，資質好不如學習態度好，學習態度好不如學習方法好，自己的學習方法又不如拿獎學金同學的方法。所以想要快速有效的提升成績，就多與拿獎學金的同學接觸及請教，若能成為讀書團隊更好。若對方不願意，就發揮「三顧茅廬」的糾纏功力，雖然會多花些時間，但比起「閉門造車」的效果好得多。

　　簡化工作流程、改進工作技巧，也是提升效率的必要方法。有一次，我為一群幼兒園園長及教師專題演講「時間管理」，會後一位教師說，她為兩週要交一次的「教學紀錄」（A4 規格，需交 8～10 頁）深感焦慮，常想不出來要寫什麼而壓力很大。加上白天時間要關照學生，只能利用假期、家庭時間來寫，久了，家人也會抗議。該怎麼辦？我建議她可將工作簡化，例如：

1. 將「教學紀錄」表格化（A4 規格），使填寫一次的時間不超過 15 分鐘。
2. 挑選兩週內 8～10 節課為目標（規定要交 8～10 頁），一下課就儘快寫完「教學紀錄」。

　　我還沒說完，她就懂了。相信工作簡化之後，應能去除她多日來沉重的身心負荷。所以不要只是「埋頭苦幹」，更應花時間思考與檢討工作方法，才能做到「快、狠、準」。

C.多做擅長的事

在申論題閱卷時我常發現，不少考生浪費時間在不相干的內容上，以致於沒有足夠時間在「對的答案」上發揮，因而得不到高分。依此類推，我們應多留時間做自己「擅長的事」，讓學業、工作及人生「加分」。另外還有一種狀況是，有些人很有才華，卻讓人感覺不夠勤奮。答題時，明明寫對了方向，卻只「點到為止」，沒有多寫一些。這樣的「自我埋沒」，一樣無法得到高分。有才華的人也得勤快，好表現才會被看見，對社會的貢獻度才能增加。

D.舉一反三

把眼前這件事做好，就能對其他事情產生「腦力激盪」的連環效應。做任何事都要想到它的附加價值，相關的事若能設法「跨領域合作」，一加一的效果就會大於二。

E.將要事或好點子「寫下來」

腦子不應用來記憶，筆記本才是。隨身帶著紙筆，盡量多做記錄。不要過度自信，而讓「好點子」溜走（不論是自己想到的，或是別人建議的）。

F.增加別人對自己的好感及自己的好心情

花點時間與心思打扮自己，會覺得更加神清氣爽、更能昂首闊步、更吸引別人（學生）。對我而言，外出配戴不同的耳環或胸花，就能增加活力及好心情，會覺得更積極、更起勁。

G.不要內疚與自責

失敗時，內疚與自責無濟於事，不但不能改變已發生的事，還會影響眼前該做的事。為內疚與自責設立「截止日期」，例如：最多難過兩個星

期；如果能夠兩分鐘就過去，就是「高人」。總之別太執著，以免造成二度傷害與損失。

H.減少被打擾

開啟手機的「勿擾」模式，免除訊息通知聲的干擾，以免忍不住想要關注訊息，而一再打斷工作。避免一早起來就滑手機，滑著滑著就忘了時間，而拖延之後的事情。依此類推，縮短使用手機的時間，也會覺得時間大幅增多。

I.學習速讀

你聽過速讀、相信速讀嗎？誠懇建議你找幾本相關的書籍研讀，會發現自己的閱讀方法不對，以致於閱讀效率不高。提升閱讀速度後，即可節省許多時間，且更能享受閱讀的樂趣並有豐富的收穫。

J.短時間會議

開會時要預定散會的時間，才不會漫無止境的討論。可嘗試30分鐘內就結束的短時間會議，與之前動輒一個小時以上的會議相比，會發現開會的效率更高。

K.果決、當機立斷

「做生意」或「做自己」都不要猶豫不決、出爾反爾，會同時浪費自己及別人的時間。若能避開猶豫、反覆型的朋友，也能節省不少時間。要學習「果決」，不超過15分鐘就做出決定（之後就不再後悔），或鼓勵自己先動手做做看，之後才知道哪兒需要修改。

子路與冉有曾向孔子提出同樣的問題：「聽到一件合於義理的事，要立刻去做嗎？」（「聞斯行諸？」）孔子建議好勇過人的子路，行動前應多聽聽父兄的意見，別冒進、應退讓，卻鼓勵畏縮不前的冉有，要即知即

行、應進取（子曰：「求也退，故進之；由也兼人，故退之」《論語·先進第十一》）。對子路這樣有衝勁或魯莽的人，應多考慮再行動，才不會白費時間與工夫，甚至還要花時間「收拾殘局」；反之，對於冉有則應更果決，少思考、多行動。

L.再進修，增進專業知能

進修等於「升級」（update），反之，「不進則退」。身體在自然狀態下會「汰舊換新」，心理上則應有自覺的定期自我更新。系統進修、增進專業知能，是最好的自我更新方法。

M.減少「不緊急也不重要的事」

如果前一晚花太多時間看影集（日韓劇、偶像劇等），休閒娛樂的時間超過做正事的時間，甚至延誤到睡眠，會使隔天沒有精神讀書或工作。其他如上網、玩遊戲等也要節制，減少「自我放縱」，才能節省時間。

N.高效時間

早起時，因為安靜、不受打擾，所以做事更能專心。比別人起得早，會覺得更有自信（時間由自己控制），也會覺得上課前或整個上午多出許多時間可以運用。早起是較理想的高效時間，既能增進健康，也符合未來職場的需求。希望現代大學生能及時照顧身體，養成早起的好習慣，或至少以正常的時間為高效時間，不要熬夜。

O.借用他人之力

「為什麼他做得比我快一倍？」當你發現周遭有這樣的高手，應儘快向他請教或以他為楷模。增加與人合作的機會、接受別人的建議，都是改進自己效率的良方。反之，固守自己的方法、不接受別人的意見，即是效率不彰的原因之一。

「學英文最快的方法就是直接應用，尤其是交一個只會說英語的女朋友。」這是我最近去北歐旅行，領隊阿賢的親身體驗。他說自己的大一英文，重修到大學畢業才勉強過關，但四年累積的英語實力，遠不及與英國女友交往三個月（後來她回英國了）。依此類推，如果你不善理財或不太會做家事，戀愛時就要挑選有這方面長才的伴侶，之後的生活會輕鬆很多。團隊工作也是如此，要虛心向「達人」學習，才能改善自己的缺點。

相對的，如果你是效率達人，有時對效率差的人會感到不耐煩，或覺得教別人是件浪費時間的事。**從長遠來說，協助提升團隊裡效率較差的人，是必要且值得的事。**若你是課業上的小組長或社團負責人，不要因為被拖累而懊惱，要花些時間耐心地指導效率差的人，先付出後享受，才能真正及長久的提高個人與團隊效率。

P.逮捕時間小偷

不要結交愛遲到、愛聊天、不守信用或出爾反爾、愛指使或拜託別人做事、愛抱怨、不速之客等類型的朋友，這些人都是「時間小偷」；雖不明顯，卻會慢慢侵蝕你的時間及鬥志。如果躲不掉，就「一個人」到圖書館或咖啡廳去讀書與做事，以免一直有人找你閒聊而降低效率。

手機可能是目前最大的時間小偷，搭公車或捷運時，不要只是滑手機，還可以思考或規劃事情。在工作前花些時間想想方法與程序，才可以做得又快又好。太隨興或東晃西晃，都是時間小偷下手的良機。

Q.改午睡為午休

一般人以為午睡一定要睡著、睡夠，結果因為沒睡飽及不容易醒來，反而使下午更沒精神。若要睡夠，非得一、兩個鐘頭不可，但中午又沒有那麼長的時間。於是每天都在要不要午睡中掙扎，感慨總是睡不好。其實，「睡眠週期」（從淺眠、深眠到做夢）約需90分鐘，中午時間扣掉用餐，剩下的並不足以好好睡個午覺；且睡多了會影響生理時鐘，使晚上睡不好。

171

建議可將午睡改為午休，找個安靜的地方坐或躺 20 分鐘，既可節省不少時間，一樣能使下午有活力。即使沒睡著，身心也能獲得舒緩、重新充電。任何習慣的養成都不容易，剛開始必然會不適應，因沒睡飽而精神不濟，再堅持一下，就能學會正確的午休方法。

R.節省時間

節省時間的方式很多，例如：

- 同樣的事情集中一次做完。
- 洗完澡後將內衣順手洗淨或立刻洗某些衣服，比所有衣服集中一起洗效率高。
- 出門要避開塞車時段。
- 不僅物歸原位，而且要放在最省時、省力的位置。
- 事物不要「經手」兩次，快點決定「做與不做」以及「如何儘快完成」。
- 不要出門前才選搭衣服，應提前去做，否則會因時間緊迫而容易焦慮，更加三心兩意而難以決定。

其他生活細節也要檢查一番可否再節省些時間，例如：洗澡是否以一個小時起跳（還很浪費水）？不使用備忘錄以致於忘東忘西？多檢查、再調整，就能事半功倍，省下許多時間與力氣。

S.維持好體力

如何擁有好體力？當然要靠運動。每天花一個小時運動，可儲備十個小時的活力，絕對值得！當然還要有足夠的睡眠（至少 7 小時，不超過 9 小時）。要配合生理時鐘，在黑暗的時候睡覺，天亮了就要起床（晚上11、12 點至第二天早上約 6、7 點）。沒有好體力卻拉長時間做苦工，效率只會

愈來愈低，純粹是自欺欺人。省力就能省時，費力就是費時。

T.不可含怒到日落

不要讓壞心情影響了你，《聖經・以弗所書》說：「不可含怒到日落。」負面情緒的魂牽夢縈，不僅耗費心神、體力及時間，若此情緒來自人際關係，浪費的就不只是心情不好，還包括怨恨及與對方爭執的時間。家人間的衝突，還會影響到下一代的人生。

U.週末、週日也不賴床

週休或長假也不應賴床，除了浪費時間，更會破壞正常的生活作息，影響睡眠。能夠不賴床，就比別人多出許多時間，善用之，可以好好休閒、運動、經營人脈，還能開發潛能、繼往開來，為自己與社會多做些事。

V.良好的人際關係

減少無謂的爭辯、學會「閉嘴」，即能節省許多時間。但，不要節省與家人、好友、良師互動的時間，還應多花時間與他們建立良好的關係，他們會幫你「少走許多冤枉路」。還有一個現代人要改善的通病，就是與人面對面接觸時不要再滑手機了，好不容易將人際距離縮短了，一支手機卻又「拒人於千里之外」。

W.設定「固定時間」

如果設定每天的某段時間要從事運動、閱讀，每週或隔週的某段時間要上課或學習某項技藝，「固定時間」的設定，就可一舉兩得。除了做重要的事、學習新事物，也爭取到這「多出來」的設定時間，否則時間還是會「不知不覺」的溜走。

X.學會「拒絕」，不隨便出借時間

　　如果你的朋友或家人請你幫他一個忙，有時候拒絕並非不注重友誼或不顧親情，而是量力而為及強調尊重。有些人會過度依賴你，或強迫你一定要做某些事，若勉強答應，以後就更難拒絕。若讓對方得寸進尺，他們可能會繼續要求你做出更多不情願的事。

Y.在某一天內多處理幾件事情

　　在某一天稍微辛苦些，集中把某些要事或雜事處理完，就會感覺自己的時間變多了。因為不用再熬夜工作、能睡飽，體力更好，做事效率也會提高，這就是良性循環。良好的時間管理，能使每天都能多處理一些該做的事。雖不一定都能做完，但減少了工作量，相對即是時間變多。

Z.打好時間管理的地基——時間計畫

　　時間計畫是時間管理的地基或基本功，就如同蓋房子要打地基，地基愈穩愈深，房子才能蓋得愈高。時間管理亦然，不管是早起一、二個小時、上課空檔一、二個小時、睡前一、二個小時、飯前一、二個小時，若有時間計畫，就能善用並發揮更大的效益。

 《校園記者：欣學》

　　早起可以讓人感覺時間變多，因為可以做事的時間變多了。否則像平常起得晚，一下子就要吃午餐，一個早上的時間彷彿消失了。

　　把事情與時間搭配好，這很重要。將每天要做的事寫下來，提前一天看一遍，隔天才不會忘記要做什麼。還可以提早到教室，利用零碎時間做一些瑣碎的事情，這些都蠻有用的。

　　讓時間變多這件事，是每個人都在追求的理想。幾乎大家都有忙碌到

不行的時候，都希望增加時間讓自己的生活從容一點。就如同金錢開銷，節省短時間就能擁有更多時間。

更重要的是，如果可以讓每天做事的時間變多，會覺得日子過得比較充實，而不是好像沒做什麼又過了一天。晚上也不用因為事情沒處理完而晚睡，或因擔心某些事情做不完而睡不好，影響自己的身體健康或心情。

《校園記者：芷昀》

讓時間變多的最好方法就是時間計畫，即便不是非常嚴謹，也能將待辦事項完成的時程（預計花多少時間完成）列出來。這麼做，可以讓心裡有個底：今天大概有多少事情要做、事情是大或小，這對有很多零碎時間的大學生特別有效。我們常認為零碎時間無法做事，其實若好好利用，時間就會相對變多。

另外，做事情的時候要避免分心，無論是受到外在環境或是本身情緒的影響，都會使人拖延，甚至不想做事，這麼一來時間就會愈來愈不夠用。

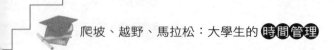
爬坡、越野、馬拉松：大學生的 時間管理

176

彈性時間：學習放鬆與喘息

　　時間運用要遵守「鬆緊帶法則」，太鬆會變得拖拖拉拉，太緊則很快彈性疲乏。一直忙碌，累積的疲憊會陷入「愈忙愈累愈撐不住」的惡性循環，總有一天身心崩潰；若一直玩樂，內在的衝勁與理想將消磨殆盡，浪費了寶貴人生。中庸之道是保持「一緊一鬆」的頻率，放鬆與積極一樣重要。不懂得放鬆及休息不夠，可能是個性及習慣的因素，例如：

- 不放心別人去做，所以事必躬親。
- 完美主義者，所以「放不下」。
- 「能者多勞」，所以成了工作狂。
- 認為閒著沒事做，就等於失敗者。

　　放鬆與喘息不應「大起大落」，不要在特別忙碌之後才盡情放鬆，而要規律的每天、每週、每月及每年進行，才能使心胸開放、心靈自由，真正鬆弛下來。不要把時間排得太滿，至少將週休二日空出一天來當作「彈性時間」，將本週未做完的事完成，下週的事則可提前準備，這一天可稱為「緩衝區」或是「喘息區」。在週間也要有喘息與放鬆的時間，一週七天大約保持「緊─緊─鬆─緊─緊─鬆─緊」的狀態，比起「緊─緊─緊─緊─鬆─鬆─鬆」要好得多。

《理論與人生智慧》

　　《EQ》一書作者、哈佛大學心理學博士丹尼爾·高曼（Daniel Goleman），在《情緒競爭力 UP》（*The Brain and Emotional Intelligence*）（歐陽端端譯，2013）一書說：

> 「理查·戴維森（Richard Davidson）是威斯康辛大學情感神經科學研究室主任，……他的研究團隊發現，當我們陷入情緒失控或痛苦情緒的支配時，右前額葉皮質區就相對比

> 較活躍。當我們感覺良好時——有熱忱、有活力，什麼事情
> 都難不倒我們，左前額葉皮質區就興奮起來」（頁78）。
>
> 「當我們放鬆的時候，副交感神經就會活絡起來。……
> 這和活躍的左前額葉皮質區相關」（頁82）。放鬆的方法包
> 括在忙碌的生活中抽空休息（遛遛狗、沖個澡），不要一直
> 工作。

　　放鬆或喘息時間不等於休閒時間，有些類似「空白時間」，也就是不要把時間都塞滿了，這會感覺壓力好大。反之，看到時間表上的「留白」，就能減輕許多壓力。即使大部分時間是忙碌的，也能因為擁有空白時間而安心（知道忙碌不會沒完沒了）。歐美國家非常注重度假，北歐的年假（尤其是在天暖的暑期）更可長達三個月，他們非常看重放鬆的價值，平時也會以各種方式來鬆弛自己，例如：花藝、植栽、庭園布置、室內設計、藝術欣賞、聽音樂、看展覽，或純粹只是與家人、好友聊天。

　　愈放鬆愈能激發正面的情緒、活力、鬥志，如果經常顯得不耐煩，好心情無法持久，人生觀消極，應該就是缺乏放鬆與喘息的緣故。許多人嚮往好好度個假，卻連三天兩夜的國內行程都無法成行，為什麼？大家都知道「休息是為了走更遠的路」，卻無法「知行合一」，因為「認知不一致」，既想放鬆又不敢放鬆，一放鬆就有罪惡感，於是就愈來愈「放不下」了。

放鬆及喘息的技巧

　　以大學生來說，過猶不及，過於放縱自己、形成惰性，固然不好，但過於積極、不敢休息，也不一定有用。還是該參加社團活動、參加系上的郊遊或慶生活動，和朋友一起吃個飯、聊聊天，或一起散步、運動等，讓自己擁有玩樂的時間與心情。尤其是要多結交具有幽默感的朋友，他們最懂得玩樂，而且看起來很聰明。聰明一方面是因為想留出玩樂的時間，就

必須設法提高工作效率。另一方面則因玩樂使得頭腦更靈活，做起事來也更有靈感。反過來看，非常努力的人只是拼命去做，腦汁早已榨乾，讀書或工作品質也不高，若仍然耗在那裡，反而是浪費時間！

即使你的能力及體力允許（你覺得撐得住），也不要高估自己，想做太多事情、時間排得太緊，很快會發現自己受不了，尤其是對於不喜歡做的事。若你仍堅持答應了就要完成，那麼就要更加強「內在放鬆」的原則，使自己不那麼勉為其難，甚至能學著「樂在其中」。「外緊內鬆」是重要的生活態度，外在愈緊張，內在要愈放鬆，這樣才足以與忙碌抗衡，平安度過「過勞期」。

「放鬆」是件「知易行難」的事，尤其是內在放鬆，可先從外在放鬆做起，例如：跟寵物玩（建議領養流浪動物）、養魚（從小型水族箱開始）、小盆栽、騎腳踏車兜風、做手工藝、看影片、玩遊戲等。再慢慢練習「內在對話」，在事情很多又不得不忙時，可自我暗示：

> 莫急，莫慌，莫害怕！
> 趕的話，就慢慢來。
> 放輕鬆，再放鬆。
> 我可以的，我做得到。
> 我知道自己所做的是有意義的事。
> 我很高興、很喜歡現在所做的事。
> 我很喜歡眼前的你。
> 一件事、一件事跟著做，還有很多時間。

「還有很多時間」這句話，是時間管理者的通關密語。即使只有 30 秒，從時間管理的觀點來看，都是很多時間。所以時間管理者不會說：「快點！快點！來不及了！只剩 5 分鐘！」而會說：「不急！不急！時間沒問題！還有 5 分鐘！」

善用零碎或迷你時間：
十分鐘能做什麼

　　「零碎或迷你時間」是那種不夠長、不太起眼，例如：等待、下課或兩件事之間的銜接時間。這樣的時間用來做什麼好像都不足夠，最後只好發呆、閒逛、做白日夢。但常見到不少人「有那麼一點空閒」就滑手機，這一點空閒就是「零碎或迷你時間」。每天看到那麼多人、那麼多次的滑手機，可見「零碎時間」並非想像中的少。我們並非自己認為的「沒空」，只是不看重「迷你時間」的價值，實在非常浪費時間！

《理論與人生智慧》

　　大家都不否認「理財」是人生必學的技能，尤其是年輕人，賺的錢少，自己都不夠用，如何存到人生的第一桶金？諺云：「大富由天，小富由儉」，要成為大富豪，除了富二代，暫時還沒有其他途徑。但要成為小富翁，則人人有機會，就是要「開源節流」。「開源」靠自我投資、增加專業與專長，這需要一段時間後才能兌現。在大學階段只能靠用功讀書拿獎學金、當教學助理、兼家教等，投資報酬率較高。「節流」則立即可行，方法如下：

1. 減少外食、少喝飲料：學著自己煮食，可以多煮些，帶便當或是分裝小包冷凍起來。多喝白開水，想喝咖啡時自己泡，或是帶隨行杯到某些連鎖商店買咖啡有折扣。

2. 在便宜的時段或地點購物：除了買大容量、特價品外，在市場快收攤、超市大賣場快打烊前，生鮮商品都會便宜賣，麵包店通常也會在 9 點後打折促銷。

3. 理性購物：買衣服前先整理衣櫥，看看自己缺什麼。若不介意穿二手衣，可到跳蚤市場尋寶，或和好友、姐妹交換衣服穿。改造舊衣、善用配件，使舊衣變新衫。配件較便宜，可讓衣服穿出不一樣的感覺。

4. 節省網路、手機費用：如網內互打、選擇行動上網、使用免費的WiFi、下載免費的通訊軟體等。

5. 長途或國外旅遊省錢法：除了廉價航空外，可以利用轉乘、分段購票，省下機票錢，若再搶到促銷方案，就可以省得更多。

6. 學習記帳、強迫儲蓄：了解自己的消費狀況外，也固定開銷，其餘的錢則強迫儲蓄。

7. 控制有錢時「想買」的慾望：要辨別是「想要」還是「需要」，別以為省錢太辛苦。若以投資複利的觀念來看，省與不省的一念之差，就決定你以後的財富。把錢花在刀口上，以最低成本享受最大價值，一樣可以省得很快樂。

小富由儉：零碎時間的價值

不管再忙，都不要輕視「零碎時間」，只要懂得「節省」與「蒐集」零碎時間，「化零為整」後即能完成許多小事以及大事。小事包括：背英文單字、看書（課本或其他想看的書）、上網蒐集寫報告的資料、到社群網站關懷朋友、收發訊息、小憩一下（安靜的坐一下都好）、做些手工藝、餵寵物、清洗馬桶、澆花等。

大事一樣可以依靠零碎時間來完成，效果可能更好，例如：我的教授升等論文，就是在「兵荒馬亂」當中，利用零碎時間完成的。當時，住高雄的父親正在加護病房，瀕臨生死邊緣；我的兒女一個讀幼兒園、一個是國中生，都需要勞心、勞力；我每天開車來回兩個多小時上下班，耗掉不少體力；我在全國數一數二的大型學校擔任學生輔導中心主任，需要輔導的個案數量驚人。但是，我沒有因此放棄寫論文，尤其丈夫在高雄工作，我幾乎是孤軍奮戰。不論在醫院、辦公室、家裡，只要有一點空閒，我就趕緊寫一點論文，積少成多，如期完成了論文。很幸運的，第一次提出就「教授升等」過關。

短時間的充分運用，就能發揮無比用處，而今我仍大都利用零碎時間

寫作，已出版了六十餘本書，最常被問到：「寫作的靈感從何而來？」我常回答：「不等靈感也能寫。」因為零碎時間太短、太寶貴，所以不可能留時間給「找靈感」！為了把握零碎時間，做事會變得更專心，寫作也一樣。做任何事也都可依此「寫作模式」，只要把握零碎時間，雖然只做了一點點，仍能減輕壓力、產生成就感，還能提升自我效能。不要找藉口自我憐憫，說自己有多忙、擠不出時間。

其實，大學生的「零碎時間」並不少，例如：「空堂」或午、晚餐之後的時間，至少有 1～4 個時間單位（每單位 10～20 分鐘），可做個最小型的時間計畫。善用它，就可做四件事情；不必再擔心沒時間做任何想做的事，包括學習新技巧。善於運用「迷你時間」，你的改變包括：

・懂得節省時間，積少成多。
・看到以前忽略及浪費的時間，所以時間變多了。
・不再執著一次要做多少事，或因沒有足夠時間就無法做事。
・做事方式隨之改變，自信心與工作成效也大幅增強。

小兵立大功：計時器及時間管理表

你可能在髮廊或廚房看過計時器，髮廊是為了計算染髮劑或燙髮劑發生作用所需的時間，廚房則是為了計算烹煮一道美味菜餚，如何「恰到好處」（「過猶不及」）。訓練運動員時，教練手上也常見計時器，他們是在計算選手是否能破個人或大會紀錄。我的書桌及皮包各擺了一個計時器，它不僅是「必須品」，更彷彿「太陽能」及「調味品」，有了它，我的生活更有活力及滋味。

萬用的計時器

擺在書桌的計時器，除了用在較正式、嚴肅的工作上，也可拿到床邊允許自己偶爾賴床 20 分鐘或是 10 分鐘。放在書桌時，正如我現在的用途，再 15 分鐘我得停止寫作，準備出門上課或演講了。所以我現在倒數計時 15 分鐘，時間到了即會「嗶嗶嗶」響一分鐘提醒，這樣我就不用頻頻看錶，或擔心忘記時間而遲到。在這短短的 15 分鐘裡，我仍能繼續專心寫作。寫作之外，不論讀書、改作業、做家事、休閒，我都以 15～30 分鐘為一個時間單位，一個小時可切割為二～四個單位，每個單位做一件事。

擺在皮包裡的計時器，則是上課時用來在學生討論或上台發表時的「計時」之用。當我專題演講時，也用來區分出演講的段落、安排休息時間，10 分鐘的休息也要計時，這樣就可以準確把握及運用時間，不用擔心超過時間而耽誤後續活動。以休息 10 分鐘來說，若不用計時器，只是隨口說說或看手錶計時，常過於粗略而容易拖延時間。

計時器讓你更有「時間感」，不會心不在焉、胡思亂想、東拖西拉。計時器幫你在「時間單位」內專心工作，有助於養成專注的好習慣。有人懷疑一直聽到計時器的嗶嗶聲，難道不會神經緊張？在此澄清，嗶嗶聲是可以自行控制的，一聽到就可按停止鍵。而且，並非做什麼事都要按計時器，有時候「時間計畫」只是讓自己安心，知道該進行哪些工作以及先後排序。計畫後若想調整，完全可以自主，包括不按照「時間計畫」進行，

以及不按下計時器。相信我！等你學會時間計畫之後，會覺得計時器的嗶嗶聲一點也不刺耳，而且非常親切。

 ## 時間管理表的奧妙

想成為時間管理達人，還是得靠「做中學」。「工欲善其事，必先利其器」，一份適用的「時間管理表」非常重要，你可先從下面這份我設計且使用近30年的表格開始。至今，表格的樣式幾乎沒有變更過。這份表格乍看很簡單，但有幾項「獨特之處」，非常實用。

A.日期自填、活頁式、一天兩面

不像坊間設計一年一本的行事曆，已「貼心」的標上日期，那樣的行事曆價錢較貴，也只能用一年。萬一沒怎麼使用，就浪費了。我設計的只是一張雙面印刷的六孔活頁紙，大量印刷價格便宜。只要找到合適的「六孔資料夾」，即可連續使用，十分環保。日期由自己填寫，屬自助式行事曆。我習慣將約半年的表格（約183張），放入六孔資料夾內，並把日期及星期先填寫好。

我建議，一天結束後勇敢的把今天這一張「時間管理表」撕掉，這就是活頁設計的用意，象徵事情已經做完，以及「今日事今日畢」、「活在當下」的態度。若把「時間管理表」一直留下來，只會累積昨天、前天、上週一堆做不完的事情及壓力。今天若還有未做完的事，把它挪到確定會完成的某一天之「今日最重要的事」內。

完整的一天需要左右兩面。左頁是一天24小時，每個小時有三個時間單位（23：00～6：00放鬆及睡眠時間除外）。可將每週固定要做或已約定的事，例如：上課、打工、約會、社團時間等，依日期標上，剩下的時間即可依當日的狀況做時間計畫。右頁為「今日最重要的事」，以及一個類似小日記的空白欄位，可寫些「反省的、鼓勵的、幽默的、感動的」事情，

年　　月　　日（星期　　）

6：00..

7：00..

8：00..

9：00..

10：00..

11：00..

12：00..

13：00..

14：00..

15：00..

16：00..

17：00..

18：00..

19：00..

20：00..

21：00..

22：00..

23：00 ～ 6：00
放鬆及睡眠時間

【今日最重要的事】

【反省的、鼓勵的、幽默的、感動的】

我多半做為重要的「雜記」，例如：演講時的開車路線圖、演講要特別注意的地方，或學生要跟我談的事情等。

B.每個小時分成三格

「三格」代表三個「時間單位」（每格 20 分鐘），也就是每個小時可做三件事；這是我實驗多年後，覺得最適合做事的時間單位。若 A 是重要或有時限壓力的事，一小時內可先給 A 兩個時間單位，再交替做 B、C、D 等事。這樣既有足夠的時間完成要事 A，同時也未忽略其他工作。做其他事情時，則可當做休息，以免 A 這件複雜的事做太久，體能及腦力下降，影響工作成效。時間計畫的方式很有彈性，可以是：ABACAD、AABAAC AAD、AABCAADB，任何排列沒有絕對的好與壞，包括半途放棄原先的計畫，也沒有關係。

C.登錄「今日最重要的事」

「今日最重要的事」是指：預先將某些事登錄在今天要完成，包括答應別人的事以及自己安排要開始或結束的事。登錄前要想想：為什麼要放在今天？今天可以做完嗎？有沒有其他事情相衝突？這些都需要準確的評估或判斷，也是學習時間管理要練習的功課之一。

對於初學者，可先使用下列兩頁合併之「時間管理簡表」來練習。一段時間之後，再自行決定續用或改用前述的表格。當你開始進行「時間管理」後，請不要放棄，因為你已在觀念上超越別人，更要在行動上戰勝自己。

註：「時間管理表」6 孔活頁紙，可向心理出版社購買。

【時間管理簡表】

年　　月　　日（星期　）

6：00..　15：00..

....　..

7：00..　16：00..

....　..

8：00..　17：00..

....　..

9：00..　18：00..

....　..

10：00..　19：00..

....　..

11：00..　20：00..

....　..

12：00..　21：00..

....　..

13：00..　22：00..

....　..

14：00..　23：00～6：00
　　　　　　　　　　　　　　　　放鬆及睡眠時間

....

【今日最重要的事】

....　..

....　..

....　..

....　..

....　..

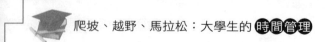

時間管理的「魔法」：
時間計畫

我們不能增加時間的長度，但可增加時間的價值。時間管理即是這樣的「魔法」，將有限時間「切割」開來，使時間由少變多、由無變有，使生活更有彈性，工作更增效率，人生更加美好。「成功者」會先花時間「決定」哪些事該做？哪些事想做？分配多少時間給不同的事情？做事的先後順序為何？有哪些困難需要克服？

「失敗者」的做事沒有計畫，想做才做，沒勁就不做，或是傻傻的做、來者不拒，不思考如何改善做事的方法，常被時間追著跑，事情永遠做不完；自覺苦命及被逼迫，常想逃避或放棄許多不喜歡的事，自認「身不由己」。其實，「決定」與「被迫」只是態度與用詞不同。**即使被迫，成功者仍能轉換成「我決定」**；反之，即使讓你自主決定，失敗者仍常覺得「我被迫」。兩者的工作心情與成果，實在天差地別。

時間計畫的價值與絕竅

許多大學生很率性，沒有「時間計畫」的習慣，結果「多即是少，有即是無」，時間再多也失去它的功能。時間計畫可以幫你完成更多事情，及早做完以前拖延的事情，更有信心多做一些事情。仔細計畫你的時間，目的不在做個完美的計畫，然後完全依計畫進行，而是讓你更清醒、更有責任感、更積極，最重要的是更珍惜時間及你自己的人生。

在進行時間計畫之前，先列出「工作清單」。日常生活要善用記事簿、便利貼，如同時間管理表上「今天最重要的事」，把重要的事記錄下來。時間計畫要先考慮「該做的事」（今天應該開始或完成的工作），中間再穿插「想做的事」。把事情的輕重緩急或先後順序安排好，重要的事（通常也是較複雜及麻煩的事）先處理完，會覺得「無事一身輕」。時間管理可幫助你兼顧現實與理想，不是喜歡什麼就做什麼，不喜歡就逃避，這樣只會耽誤正事或累積出一堆不喜歡的事。

有人認為，做時間計畫要花費不少時間，這與時間管理的本質是否有

矛盾之處？剛開始安排時間與事情如何搭配時，的確有些「不知所措」或不能確定，要花不少時間才能將工作順序搞定。但比起過往的自由隨性或像無頭蒼蠅，這些時間的「浪費」絕對值得，之後可以節省更多時間。情願用掉半個小時來計畫，使大半天的工作更順暢而且有成就感。不要省略掉時間計畫，沒有頭緒就開始工作，結果落入「茫—忙—盲」的惡性循環。花些時間衡量事情的先後順序及做事方法，就能避免做錯而須重做，或其實有些事根本不必做。多思索與改進工作技巧，會使之後的工作愈來愈順利，能省下許多時間與體力。

剛開始練習「時間計畫」時會有不少遲疑，特別困難的是，要培養下列三種工作習慣：

1. **在同一時段內做好幾件事**：從前你是一件事做完再做下一件事，時間管理之後要改為同一時段內做好幾件事，但不一定都能做完。許多人很難接受一件事沒做完，卻要停下來去做下一件事，但若繼續做又會用到下一件事的時間，真為難！這種現象對初學者而言，非常普遍。

2. **短時間做事法**：從前你做一件事長達一、兩個小時，總想一次把它做完。時間管理之後要改為做一件事的時間最多 30 分鐘，並分三～四次完成。

3. **拉長時間、分段做事**：從前你習慣找一個較長的時段，一氣呵成做完某件事。時間管理之後要改為一件事分開好多天完成，每次的工作時間不會太長。

請忍耐！練習一陣子之後你會發現，原先認為需要一、兩個小時甚至半天才能做完的事，其實並不需要那麼多的時間。當完成的工作變多了，活力及自信也會跟著升級，日後做時間計畫，就會覺得很振奮。

為什麼學習時間管理之後，原本需要兩、三個小時的事，卻能提前完成？除了因為專注力提升、執行力增強之外，關鍵在於「寬估」做事所需的時間。即使自覺多少時間可以完成，還是要安排較寬裕的時間（包括受

到干擾時的停頓），才不會耽誤工作。**計畫較為寬鬆，完成的成果高出預期後，會有激勵的效果。**另外，每天做正事之前，先把雜事做完，恢復環境的整潔與秩序，可減少分心或不安，工作會更專注。

做時間計畫不必貪心，不需自我安慰與欺騙，要「量力而為」。超過自己所能負荷的計畫，只會增加壓力及挫折感；中等難度的工作最易成功，最能增加成就動機。剛開始練習時間管理，不妨多排一些中等難度的事，或把高難度的事分成許多中難度的目標；也就是把較大、較困難的任務，細分為較小、可先處理的部分。時間計畫的失敗，常由於「錯估」做某些事所需要的時間（通常是「少估」），以及「高估」自己的能力與專注程度。某件事若想做卻做不到，會連累其他重要事情也跟著無法完成。

人不是機器，身心會疲憊，因此可採取「40 ／ 20 法則」來工作，也就是在一個小時裡 40 分鐘做比較重要的事，20 分鐘做比較輕鬆的瑣事。人的精力本就有限，未能依原先的時間計畫進行，不必自責或懊惱，只要重新調整時間計畫即可。若時間計畫不能落實，沒有很大關係，只要能將工作完成，計畫當然可以改變。第一次擬訂的時間計畫可當草案，再修改與調整會更好。辦理團體營隊活動，若未將時間計畫安排好，就會影響團隊士氣與成效，因此與大家一起做事不能率性，或以為「船到橋頭自然直」。別人不可能配合你，更不能「到時候」再來應變。

 《校園記者：庭伃》

我最近比較有心得的是列出「工作清單」，把今天或最近該完成的作業、工作寫下來，三不五時拿出來看一看。完成一項工作就劃掉那一條，雖然可能只完成十分之一，卻覺得像被大大讚美一番。

列出工作清單，也能省去一些時間。過去當我覺得受不了良心譴責而準備開工時，到底有哪些工作要做，總得想上十幾分鐘，這樣很容易將工

作的動力擊垮，只好等下一次良心譴責時再開工。

　　列出工作清單後，效率真的提升了！再來是「時間計畫」，當我只是想著一定要在今天完成某件事時，時間卻不知不覺流逝，最後當然沒有完成。於是我開始把做某件事的確切時間列出來，讓自己沒有「等一下還來得及」的藉口。

　　最近查了許多時間管理的資料，想試著把一天24個小時做了什麼記錄下來，就像記錄每天的收支，就可知道時間花到哪裡去，有哪些時間其實浪費掉了。我很喜歡寫字，用一支順手的筆與一本精緻的筆記本，我很喜歡條列事項，這是個有趣的挑戰。

198

6

一天內的時間計畫

一天當中，只要有一、兩個小時的空檔，就應該花個幾分鐘做時間計畫，思考及安排要如何好好利用這段時間（剛開始會考慮較久、難以定案）。一個小時若分成四個時間單位，每 15 分鐘安排一件事情，兩個小時就可做八件事。若覺得 15 分鐘太緊湊，至少也要以 30 分鐘為一個時間單位，因為工作時間太久，效率即會下降。比起不做時間計畫及輕視零碎時間的人，一、兩個小時的計畫，會讓人覺得時間變得比較長、比較好用。

充實又從容的一天

一天內的時間計畫，最好以半天為一個區塊，也就是將上午、下午、晚上分成三段，各自做時間計畫，這樣較務實、可行性最高。具體來說，早上 9 點～12 點的計畫，在 9 點前安排即可，依此類推，下午或晚上的時間計畫，也都到時候再安排，才是可執行而非夢幻的計畫。有人提前一晚即做明天的時間計畫，或當天一早即安排整天的時間計畫，這些都是偽裝的積極，是過度高估自己的錯誤行為。時間計畫太完美卻不可行，才是真正浪費時間。

困難的或簡單的工作，哪個先做？其實兩者皆可。先排簡單的事，費時較少，很快就有成就感，而且先把雜事做完，之後的工作能更專心。若先排困難或麻煩的事，則是強迫自己面對現實、不再逃避，但不要太貪心或給自己太大壓力。對於困難或麻煩的事，先做個 10 分鐘就好，慢慢再增加時間。做一點點總比一點都不做來得好，也可避免其他事情像骨牌效應般跟著「崩盤」。

原先安排的時間計畫，會因為下列幾個因素而無法貫徹，例如：惰性或缺乏執行力、眼高手低、好高騖遠、受不了外界誘惑、外來干擾或突發事件的打斷、被打斷後即無法持續工作、不習慣把事情分段完成、時間計畫不夠成熟或周延、身心倦怠等。換句話說，時間計畫的順利完成，本就不是一件容易的事，但有缺陷才是正常，不需要求完美或自我期望過高。

若不能完全按照時間計畫進行，要如何「逆向思考」？

Q1：這等於時間管理失敗嗎？

A1：不等於。人不是洗衣機，不一定要按照既定的行程走完。

Q2：原先的安排一定比較好、不能更動嗎？

A2：不一定。可以調整，永遠可能有更好的安排。

Q3：原先的安排執行了一半，是否仍算成功的時間管理？

A3：當然算。也許只需執行一半就夠了，或因在時間計畫上高估了自己，本來就不可能執行完畢。

 《校園記者：佳恩》

一、二個小時說長不長、說短不短，如果好好利用，可以做不少事，若虛度光陰，時間馬上就過去了。一、二個小時的時間規劃，能做多少事？取決於你對每件事需要花多少時間的評估。

有時不需要仔細寫出幾點幾分到幾點幾分要做什麼，可以依照當天應做或想做的事，選擇性質相似的幾件來做，例如：幾個與英文相關的事情，寫英文作業、看英文雜誌、複習上課內容等。同一時間內做相關的事，可省去進入狀況的時間。專心在同一類事情，不僅能增加印象，效果也更好！

或可利用這一、二個小時將所有雜事一次完成，例如：洗澡、洗衣服、刷牙、整理東西，避免之後被瑣事打擾或分心。

一般人做不完「工作清單」上的事，原因主要有二：一是許多事根本不需要做，例如：不能分辨事情的輕重緩急、不能授權與分工、不懂得拒絕，或是屬於別人的工作；第二個原因是，某些事本來就無法在短時間或

201

一天內完成，要重新調整工作時間，將一天的事情擴大為「週計畫」、「月計畫」。將工作清單上的未竟事務，重新「分配」到本週或本月其他適合的時間去做。

所以，不論是自己想做什麼事，或答應別人某個要求，都要特別慎重，並須考慮到：

這是重要的事嗎？

這是今天或期限內可以完成的事嗎？

這件事要在哪一天完成？

這是屬於我的事嗎？

這是我的時間及能力可以負荷的事嗎？

尤其是最後一點——這是我可以負荷的事嗎？這部分需要「延遲決定」，也就是還不確定時，不要立刻給予承諾。可告訴對方過一會兒再回覆，給自己多一點冷靜考慮的時間與空間。一方面可能是眼前的工作量已經超載，再者則是這事由你來做可能不恰當。若仔細衡量過，仍覺得是值得接受的挑戰，才承擔下來，否則應該拒絕。或建議你都「先拒絕」，再反過來跟自己辯論「為什麼要答應？」

7

寒暑假的時間計畫

　　大學生的時間管理，與社會人士最大的差異在於：每年有將近三個月的寒暑假。如果善用，會有許多收穫與成長，例如：有些大學會開辦「暑期學分課程」，就是不錯的選項。寒暑假也是企業實習的好時機（尤其是海外實習），千萬別錯過。即使系上沒有安排，自己也可以找老師、學長姐或親友介紹相關的實習。參加國內外較長時間的志工，也很有意義。其他如：舉辦或參與社團的營隊、學會開車、培養閱讀的習慣或讀完某些好書、養成運動的習慣、練習早睡早起、減重、學習某項才藝、環島旅行等。這是讀大學的「利多」，一定要珍惜及善用。

　　寒暑假還可以好好加強語言能力，方法如：與說英語的外籍同學或英語流利的本國同學多互動、看中英字幕並陳的電影、看網路 TED 的影片（練聽力）、到圖書館多借些英文書籍、參加英語檢定考試、到國外自助旅行、遊學、打工或擔任國際志工等。世界語——英文的學習，一定要及時，以免「書到用時方恨少」、「少壯不努力，老大徒傷悲」，降低就業時的競爭力。

⏰ 寫下對自己的承諾

　　以我來說，每年固定出版兩本書，主要就是利用寒暑假時間全時、專心的寫作。寒暑假時，每天幾乎以寫作為主，搭配其他的演講、旅遊、社交活動。一天可寫七、八個鐘頭，像個上班族。若你也喜歡寫作，寒暑假就有足夠的時間練習或上寫作課程。若你還有功力參加文學相關的競賽，寒暑假時間也夠你準備的了！

　　寒暑假最適合做需要很多時間，可以反覆斟酌、思考、修改的事。對我來說，除了寫作，另一件同等級的大事是「擬訂授課大綱」。全學期要做什麼，一定要先完全準備好，才能確實達到教學目標，開學後才能空出全部時間與心情，從容不迫的認識與幫助學生。

　　此時，你要開始寫下對自己的承諾。請找出一個本子，封面寫上《人

生目標簿》或《我的大小夢想》。以後逐年寫下寒假與暑假的目標，以及今年度的短程目標、每五年一次的中程目標、每十年一次的長程目標。我建議可先以厚紙卡寫下，然後隨身攜帶，時時提醒自己。年度結束時，再將寒假、暑假及今年的短程目標這三張卡片，貼在你的《人生目標簿》上。中程、長程目標這兩張卡片，繼續留在身邊，直到換下一張中程、長程目標為止。卡片不要太小，建議每類目標都要寫十個。舉例如下：

我今年（2015 年）的暑假目標：

1. 完成《大學生的時間管理》一書 80%。

2. 完成《台灣教育雙月刊》稿子兩篇（約 7,000 字）。

3. 去北歐旅遊。

4. 體重控制（54 kg 以下）。

5. 「大修」下學期各班授課計畫。

6. 「固定」練太極拳的時間。

7. 更多的散步。

8. 消除腹部贅肉。

9. 自製 1,000 張名片（註：我利用一些較厚的紙卡，自製環保名片）。

10. 更多與兒子的相聚與共餐（他住外面）。

訂定目標是為了指引行動的方向以及自我提升，不是非要完全做到不可。即使沒有做到，也不代表自己很糟；檢討原因後，再尋找好方法，將未完成或須持續的目標，列入下個寒假、暑假或一年內的短程目標。

 ## 《校園記者：佳恩》

寒暑假是非常好的時間，可以好好利用。特別是大學生的寒暑假，時間最多也最無憂無慮。有人可能不做計畫，想到什麼就做什麼，但人都有

惰性，如果沒有計畫，很容易空想而沒有實際行動，最後就會無所事事的過完整個寒暑假。

因此，平常就可以把想在寒暑假做的事寫下來。放假前幾天，花一些時間把事情整理分類，例如：學習、閱讀、旅遊、約會、打工等。依照這個清單分配給每一天，並將已經完成的事情圈起來。如此一來，就能比對自己到底做了什麼，哪些事沒有完成，也算是替自己留下了紀錄。

以下幾個特別的事，建議寒暑假可以做：

1. 學習：寒暑假是最好的學習時間，可以完全自主的學習有興趣的事物，包括：整學期可能沒讀完或草率讀過的科目、一些重要的課程，都可以拿出來學習與複習，尤其之後若要考研究所或公職，需要更熟練。大學所學並不是臨時抱佛腳就可輕鬆應付的，囫圇吞棗的知識很難將之靈活運用，因此也可利用寒暑假學習新東西，例如：一項樂器、英文檢定考、各行各業執照考試、學開車等。

2. 旅行：旅行是透過親身感受的方式認識世界、開拓視野，大學生可在經濟能力的範圍或父母贊助下進行一趟旅行，不論是小旅行、環島，抑或國外自助旅行皆可。親自旅行與讀書或聽別人怎麼講不同，是踏出原本的生活圈、舒適圈，學習獨立、體會不同的風俗民情、印證所學的事物，也能因此更認識自己。何況在旅程中，還有許多的磨練、考驗、驚喜與收穫。

不論自助旅行、參加營隊或遊學，都要提早計畫。自助旅行需要籌措旅費，平時每月可留存若干零用錢，也可以靠打工存錢。參加營隊所需的經費較低（知識性或服務性），但要先物色有興趣且理念相符的營隊。遊學則能兼顧學習與旅遊，但要花較多費用與時間。

3. 社交：寒暑假當然少不了社交生活，不要一直宅在家裡不出門。平常上課很難約老朋友碰面，寒暑假就要和朋友多聯絡感情，特別是國小、國中、高中的同學，可利用寒暑假出遊、聚餐或打球。感情需要用心經營，才能長長久久。

8

短程目標：一年內的時間計畫

「夢想」通常是指五年以上的中、長程目標，但是否能實現，就須依靠一年內的短程目標之累積。目標與夢想的差異不在於大小而是過程，由短程而中程最後才是長程目標，三者相連、相生、相成。人生目標並非都很嚴肅，不全都是為了裝備自己的競爭力，任何你希望它出現在生活中的事物，或讓你感到人生更美好的「小確幸」，都可以是短程目標，舉例如下。

A.更健康（運動及減重）

每天要吃早餐、多喝水（少喝含糖飲料），每週至少到學校或附近的健身房或游泳池三次，注重飲食均衡。飲食方面我強烈建議可以自己買食材及做飯，儘量在家裡用餐，減少外食。至於零嘴與宵夜，是練習自我克制的最佳功課。運動及減重則要有具體項目，例如：做什麼運動、每日固定的練習時間。減重也要訂出階段性的具體目標，是務實、可行的，不要求速成。

B.經營與增加人脈

一般人誤以為曾經是朋友就永遠是朋友，但真相卻是：朋友會因距離而疏遠。即使在社群網站上仍有「聊天」，包括看到照片，但沒有「真實接觸」的友誼仍難以為繼。要多花時間與同學、朋友相約聚餐、看展覽、討論課業或郊遊，包括老朋友及新朋友。新朋友第一次見面後若無後續連絡及再次接觸，即不能成為好朋友。

C.更用功

可能是為了彌補之前不太念書的愧疚，或想要爭取獎學金、贏得到國外當交換學生的機會等，要花更多時間在課業上。不僅每節課都要準時去，上課要更認真及勤做筆記。課前預習及課後多讀相關資料，多向老師挖寶，常與同學討論功課，都能讓課業成績提升。

D.學習某項才藝

　　想在一年之內學習某項才藝，如果只是上課，時間是足夠的，若要嫻熟一門才藝，則需與中程目標相結合。要成為達人或老師等級，非得用長程目標不可。學習才藝的好處多多，可以是休閒活動或培養第二專長，也可能是潛能開發，發掘自己所不知道的亮點、優勢。大學期間參加社團是學習才藝的最佳選項，最省事及省錢。

E.增進語言能力

　　語言能力與才藝類似，都需要銜接中、長程目標。「君子之道，譬如行遠，必自邇，譬如登高，必自卑」（《禮記‧中庸》）。這是急不了的，還是必須從短程目標起步，再慢慢進步。

F.辦好社團或學會的某些活動

　　如果這一年你擔任社團、系學會的負責人或重要幹部，那麼，學習成為好領袖、把活動辦好，就是你今年很重要的短程目標。

G.培養閱讀習慣

　　這其實也是中、長程目標，但具體作法是「一步一腳印」，固定到圖書館借書、還書，或是參加讀書會。總之儘量多看書，不一定非看經典名著不可。

H.突破某項困境或改善與某人的關係

　　生活中難免有些無奈，例如：被某人欺負或與某人關係緊張。不管你是否在意或喜歡這個人，他／她確實影響了你的生活。此時你若決定不再拖延、逃避，「面對它，接受它，處理它，放下它」（聖嚴法師金言），設法突破這個困境或化解人際的不和諧。努力過後，不管結果如何，就能從此不再困擾（不論是否 happy ending）。

I.參加某項競賽

這是短程目標當中壓力較大，也是成長最多的部分。不管是個人項目或團體競賽，都鼓勵你勇於嘗試，但得找到好教練，或選擇優秀的團隊。

J.多賺點錢

不管是自己的需要或是幫助家人，若你需要多賺些錢，就得咬咬牙承擔起責任。但賺錢的管道不是只有打工，其他還有獎學金、參加競賽、兼家教、節省支出等。

為達成短程目標，可以設計一個「年度計畫表」（含12個月或更細緻的52週），各目標預定什麼時候開始以及何時達成？要分配多少時間？試著將短程目標及時間安排畫成一年內的「甘特圖」，明確知道及掌握進度。但首先要把短程目標明確寫下來。舉例來說：

我的短程目標（2015年）如下：

1. 每天打太極拳（喜歡且自然而然）。
2. 控制體重。
3. 完成《大學生的時間管理》一書。
4. 完成《愛情學分與分手藝術》一書。
5. 開始寫《補救教學》一書。
6. 《情緒管理》一書全新改版完成60%。
7. 無國界教師組織籌備處辦理三次偏鄉及部落之旅。
8. 新增授課大學、機構及科目。
9. 改進各大學授課之評分方式。
10. 好好練唱歌，讓人真正喜歡聽。

今年的短程目標若未達成，可移至明年繼續。有趣的是，有些短程目

210

標似乎難以達成，而會一直移入下一年度的目標。或者說，有些短程目標非常重要，本應年年都有，例如：運動、早起、維持體重、與家人相聚、創新與生產（以我來說，是指志工、教學、寫作與演講方面）等。

211

中程目標：一～五年的
時間計畫

中程目標是指需要一年以上至五年的時間，才能夠完成的目標。以大學生來說，應分為前、後兩段來規劃：

前段是指剛進入大學時，擬訂大學四年的計畫，例如：

大一：多了解自己考進的科系（含進階與未來出路）。

大二：開始雙主修、輔系、學程（或轉系、轉學）。

大三：累積打工與社團等社會經驗。

大四：確定畢業後升學或就業（包括補習或實習）。

後段則是大三至大學畢業後三年，這五年期間的就業或升學之具體步驟或進路，例如：

若讀研究所，國內外的狀況不太相同，需要打聽清楚及準備，尤其是出國，更該清楚學習的目標。

若要就業，則應找出未來謀職的範圍與所需條件，要有面對「殘酷現實」（或複雜社會面）的心理與實質準備。這部分的衝擊頗大，因為我國的學校教育向來以升學為主，對於職業的了解不足。大學以前，若讀普通高中則幾乎沒有所謂「企業實習」，高職的狀況應該較好。有些大學科系也幾乎沒有實習或實習時數不足。

不是「由你玩四年」

大學四年要過得充實，得付出相當大的體力與腦力。大一新鮮人擁有雄心壯志或夢幻目標，但會漸漸發現，即使考上心目中理想的大學，不等於從此一帆風順、一路順風，仍會感到不少現實的壓力，包括：對所讀的科系不感興趣、對畢業後能做什麼感到茫然，或知道目前科系的未來出路障礙重重等。但也不必過度悲觀，對於大學階段的課程還是要抱持學習熱忱，盡情投入，除了可達成自設的學習目標外，一定還有意料之外的啟發。不要太快下定論，以為大學所教的根本沒用。

若是升學，不論在國內或赴國外深造，各有其難度，包括：需克服經

濟壓力以及達到自我投資的效益；出國進修的實質準備與金錢更多，要詳細規劃的項目也更雜。若選擇就業，頭三年必然跌跌撞撞，雖知道換工作不一定更好，但不換工作又感到沒有前景，更害怕努力多年後仍舊一事無成，卻還不知道自己錯在哪裡。

這些困擾或壓力若不能抒解，日子會過得迷茫、匆忙，很不踏實。但是，天下沒有白吃的午餐，想找到適合自己、待遇較高且具有發展性的職業，本不是件容易的事。若不能在大學階段儲備就業能力，或是繼續進修、自我投資，就可能因競爭力不足而遭到淘汰。但此時也不要心急，找到工作並非終極目的，在此中程目標階段內，「謀職」仍屬自我探索及學習的性質；就算有形的報酬不高，仍要設法滿載而歸、不虛此行。

就業後仍可再進修

直至 30 歲以前，都還可以繼續「自我探索」，仍以「學習」為主要目標。現今社會高學歷者多，相對好的職缺不足；許多大學畢業生努力幾年，仍未找到想從事的職業，待遇也不盡理想。有些人可能在找工作的過程中發現自己真正的興趣，但因與大學的所學不同，於是重新投入進修行列，而補修學分、準備考證照。白天工作、晚上讀書，相當辛苦。

讀完研究所，也不一定利於求職，還是有段衝撞期要度過，總之應趁著年輕時努力追求自己的目標，為日後想過的生活鋪路。到那時候（約 25 歲），再設定中程目標吧！不要羨慕別人或與他人比較，每個人都有自己不同的道路。從前我們的人生路徑很窄（就是考名校這一條路吧），今後應由自己來開拓及加寬多條人生之路。

對大學生來說，中程目標的距離已較為遙遠，並不確定該怎麼走或這樣走對不對？這時可將目標寫下來，多找幾位「過來人」，例如：學長姐、老師、有類似經驗的成功者、父母等（多多益善），提供修正的意見，或許還可以激發你產生新的領悟。

中程目標也不全是學業或就業的目標，也應包括身心健康、人際關係與談戀愛等。舉例來說：

我目前的中程目標（2011 年～2016 年）如下：

1. 赴國外教育考察或進修。

2. 增進英語力。

3. 落實飲食及運動之健康計畫。

4. 新書出版的規劃（預計每年兩本）。

5. 找到志同道合者，開始教育之非營利組織籌備工作。

6. 有好口碑的專題演講。

7. 有暢銷或得獎之好書。

8. 繼續精進歌唱能力。

9. 協助兒子達成創業目標。

10. 協助女兒達成出國進修目標。

在追求目標的過程中，可能會遭遇到許多挫折與阻礙，或因為很辛苦、自信心不足而想放棄，一定要多鼓勵自己「撐下去」，多聆聽良師益友的建議與分析，或暫時休息一下、找個地方靜一靜，然後再出發、重新努力。

長程目標：「預見」及「遇見」十年後的自己

長程目標是指要用十年時間來達成的目標。什麼事情需要十年才做得到？什麼事能夠連續做十年？其實，十年並不如我們想像的那麼久，大學四、五年再加研究所碩士班兩、三年，報考某些證照前或通過考試後，又需要一年的時間實習，準備國家考試或專業人員考試，少不了又是兩、三年。一轉眼，十年就過去了。

如何抉擇十年後自己的樣子？

以大學生來說，長程目標要規劃到大約 30 歲。若繼續求學，可能已拿到博士學位。若是就業，則已工作八年，應已熬過「徬徨無依」或「自我懷疑」的階段，漸漸達到「柳暗花明又一村」的境界，有了自己的一個位置。這只是一種可能，或者你已經結婚了，夫妻倆在一起為家族事業工作。也許……

如果你現在 20 歲，決定的十年長程目標，幾乎會影響你的一生，所以必須常想、多想。「人無遠慮，必有近憂」，要有遠見及「從長計議」。第四代的時間管理，就是要依據個人內在價值與長期目標，來安排日常生活。你希望自己十年後是什麼樣子？舉例如下：

- 成為公務人員、老師、警察、模特兒、學者……。
- 已婚，有兩個小孩。剛結婚、還不想結婚、正在找對象……。
- 有不錯的收入、有存款、準備或已經買了房子（然後開始有房貸壓力）。
- 自行創業，有自己的公司。
- 趁著年輕，多到世界各地走走。
- 剛拿到博士學位。

　　要預測或預定十年後自己的樣子(或希望的樣子),有不少難度。但如同短程與中程目標一樣,還是要試著把長程目標寫下來,而且愈具體愈好。大學時我較單純,只一心一意在 30 歲時取得博士學位,而今:

　　我的長程目標(2011 年～2021 年)如下:

　　1. 能以英語全程演說及授課。

　　2. 到國外教育考察與進修。

　　3. 成立教育公益組織,促進教育機會均等。

　　4. 與丈夫志同道合、知己交心。

　　5. 兒子事業有成,展現個人才能。

　　6. 女兒攻讀博士學位。

　　7. 體重維持(無贅肉狀態)。

　　8. 成為「晨型人」(晚上 10 點入睡,清晨 5 點起床)。

　　9. 每天練太極拳。

　　10. 有豐富的創造力,成為教學達人、情緒管理達人、時間管理達人等全方位發展的人生。

　　長程目標可以訂得很「偉大」,乍看有些不好意思,像是「說大話」,但這也是一種提醒,讓我們相信自己的潛力,想做什麼就要及早去做,不該猶豫不決,以免繼續浪費自己的人生。

不要忽略愛情與婚姻

　　將近 30 歲,也到了該成家的時候。若從前一直忙於前途而忽略這個目標,此時千萬不要「為結婚而結婚」,只是找到足以「匹配」的對象就趕緊抓住,害怕好條件的人很快被人搶走。這樣「門當戶對」的婚姻,也不一定幸福。

　　婚姻還是要以感情為基礎，婚配的對方是一個人，而非只看學歷、職業、家世背景。大學時的戀愛可能只是想要交往，卻未必要一起走人生的道路，但若有愛情「斷層」，沒有付出時間持續你的戀情，到了臨時要找結婚對象就很困難。許多條件很好的男女因此蹉跎、懊惱，即使找到好像「對的人」，仍不免有些遲疑。

　　現在幫你預測十年後的愛情，你一定不相信。所以希望你在大學期間，撥些時間選修「愛情心理學」、「婚姻與家庭」、「情愛溝通」等類課程，使你能多思索愛情與婚姻的意義，有機會與「合適的人」相識、相知、相惜。積極來說，是找到了解及尊重你的人，包括為你的孩子選擇最佳的父母。消極來說至少學到如何辨識及避掉恐怖情人，失戀時不陷入被害者或復仇者的角色。

　　愛情不能過度夢幻、虛擬或躁進，應從一般朋友的交往開始，進而愛的告白，增進彼此的溝通與心靈交流。還要對他／她的內在世界以及家庭背景深入了解，並理性正視及化解雙方的歧異與衝突。戀愛時，多從日常生活的細節觀察他／她的情緒管理與溝通能力，若發現有問題，千萬不要膨脹愛情或自己的力量，以為能改變對方，以免到頭來「兩敗俱傷」。

第**五**篇

路遙：
追求想要的生活

時間的合理分配

英國哲學家培根（Francis Bacon, 1561-1626）說：「合理的安排時間，就是節約時間。」以下以一個數學「應用題」，來解析大學生應如何合理的分配時間。

要擁有健康的身心，以一週 168 個小時來說，大學生要如何合理分配，才能滿足上課、睡眠、吃飯、運動、休閒、打工、愛情、人際關係（含朋友與家人）、未來就業或升學準備（含實習、補習）等所有基本需求？

大學生合理分配時間的建議答案

A.課業：30 小時

以一學期修 22 學分計算，加上換教室、小組討論、課前預習、課後作業，以及來上課或跨校選課所需的交通時間等，粗估至少 30 小時。

B.睡眠：56 小時

以每天 8 小時計算，一週需 56 小時。

C.吃飯：16 小時

以每天三餐平均需 2 小時計算，加上住宿在外，出去、回來的時間，一週需 16 小時。

D.運動：10 小時

以每週至少三次，每次 1 小時計算，加上暖身及運動後的淋浴時間，一週需 10 小時。

E.休閒：14 小時

以每天 2 小時計算，一週需 14 小時。

F.打工：20 小時

以每週三、四次，每次至少 4 小時計算，加上交通時間，一週需 20 小時。

G.愛情：20 小時

以每天至少 2 小時計算，週末約會時間更久些，一週至少需 20 小時。

H.人際關係：10 小時

與家人及朋友相處，以每天 1 個半小時計算，一週至少需 10 小時。

I.未來就業或升學準備：15 小時

為就業準備之企業實習，或為升學而去補習，以每週三次，每次至少 4 小時計算，加上交通時間，一週至少需 15 小時。

總和：共需 191 小時。

依上述非常緊繃的估算，總和時數為 191 小時，比一週實際時數 168 小時多了 23 小時。一般人即會從睡眠、用餐、運動、人際關係（尤其是與家人的互動）等處節約出不足的部分，但這反而會造成惡性循環。因為身體弄壞、心情變差、人際疏離，工作效率及生活品質只會更糟。

🎯 大學生實際的一週生活

大學生一週的時間安排，實際情形恐怕不像上述這般「合理」，例如：

· 分給課業的時間更少。
· 睡眠、運動、與家人互動的時間不足。

225

• 休閒（尤其是上網）可能比合理的 2 個小時多出許多倍。

• 打工、戀愛的時間常過量。

• 未來就業或升學的準備嫌太少。

該怎麼調整呢？例如：

• 可否在休閒及愛情方面減少一些時間？

• 尤其是減少滑手機的部分，估算每天大約會滑掉多少時間（尤其是玩線上遊戲）？

• 以影音網站為休閒娛樂是否會太單一與靜態呢？

• 是否可多接觸大自然、跑步及流汗、與朋友一起談吉他、唱唱歌，是否會更有舒壓及增加正能量的效果？

《理論與人生智慧》

　　根據世新大學「行動世代：大學生媒體使用行為」的最新調查發現（馮靖惠，2015a），大學生使用率最高為網路，比率高達九成九，不論是北、中、南、東各區域，都無城鄉差距。大學生每週上網約 6.8 天，平均一天上網時數 6.8 小時。最常上的網站類型，依序為社群網站、影音網站及搜尋引擎。上網動機主要是以找資料最多，其次為聯繫情誼。

　　由此可見，大學生若能減少上網時間，或將上網與學習活動相結合，將能更有效率的提升成績及生活品質。消極的也可藉此反省：社群網站真正利於人際溝通與情感建立嗎？是否應該恢復人與人「面對面」的語言交談或手寫文字的問候呢？

各類活動最佳時段的建議

時間的合理安排，不僅是「時數」，更在於「時段」。建議各類活動的較佳時段如下。

A.上課

大學生各類活動的時段安排，均應以課業為核心及第一優先，不可本末倒置。若因早上起不來而選下午的課，或在打工空檔才選課，會使選課時數不足，或錯過了某些該修習的課程，實在得不償失。

B.睡眠

睡眠與課業的重要性相較，當然是睡眠略勝一籌，或說睡眠是身體健康與課業成就的地基。但並非指兩者衝突時，可以捨課業而就睡眠。睡眠較佳時段是前一天晚上 11 點至第二天清晨 7 點，與課業時段完全不重疊。

C.吃飯

吃飯要定時定量，在正常時間用餐，不吃宵夜，也不將兩餐合併為一餐，或過餓後又吃得過量。

D.運動

每週至少三次，早晨運動的效果較佳，因為晚上已精疲力盡，若勉強運動，只會變成「應付」，甚至產生反感或排斥。

E.休閒

要天天與常常進行休閒活動，靜態如：養魚（水族箱）、園藝、閱讀、聽音樂、看電影等，動態如：散步、騎自行車、跳舞、打球等，使自己的

心情及身體都有鬆弛的機會，才能真正提升工作及生活品質。避免連續緊繃後突然放鬆，「大起大落」反使身心更難適應，休閒後反而更加疲憊。

F.打工

這是很好的職前訓練，可以學到許多職場技能，但一定要控制在不影響課業的情況下，每週最多兩天（約 16 小時）。若打工過多，分配不來的不只是時間，還包括體力及腦力。透支後，會損及健康及學習成效。

G.愛情

這也是大學階段值得花時間去做的「要事」，可當作日後婚姻生活的「實習」。現今年輕人普遍晚婚，所以投入前要仔細觀察與選擇，步調不要太快，以免到頭來沒有結果，不免有些「浪費」時間。

H.人際關係

人脈經營或想要「貴人相助」，都不能「臨時抱佛腳」，要在平時增加與人真實接觸的機會。與人有更多互動後，當你需要幫助時，才知道找誰，才知道誰願意或能夠幫上你。反之，有朋友需要你幫忙時，你才有足夠線索決定要如何幫助他。

I.未來就業或升學準備

企業實習對未來的就業選擇與適應，有很大的幫助，但學校所能安排的實習機會或時數可能不足，而且實習通常無酬，但別因此短視近利，還是要極力爭取、主動尋找更多的實習場所及時間。升學準備也最好提前開始，不要浪費大學畢業後的時間。

「合理安排時間」不是夢

2004 年 1 月以前，我想要的理想生活不算貪心卻也難以達成，只是好好吃早餐、不要憋便、規律運動、常與家人相處、做飯給孩子吃、多跟學生交流、傾聽學生心聲，以及有更多時間寫作、與手足或好友聚會。但這些基本需求或自我理想，當時卻遙不可及。有一首歌〈忙與盲〉（袁瓊瓊、張艾嘉作詞，李宗盛作曲）當中唱著：

忙忙忙，忙忙忙，忙是為了自己的理想，還是為了不讓別人失望。

盲盲盲，盲盲盲，盲的已經沒有主張，盲的已經失去方向。

忙忙忙，盲盲盲，忙的分不清歡喜和憂傷，忙的沒有時間痛哭一場。

為了實現我的理想生活，2004 年 1 月 19 日我遞了辭呈，決定辭去在大學任教的「專職」，成為一名「自由工作者」，時間完全由自己分配。其實做這個決定，對我來說並不困難，因為我清楚知道自己要什麼、能做什麼，辭職只是改變工作的方式與時間，並非退出職場。我想要保留更多時間，為自己的人生負責。如今我已達成的理想生活如下：

- 每天早上 6 點左右即能起床（而且是「自然醒」），週休二日或寒暑假一樣會早起。早起是為了從容的運動、吃早餐（不論是獨自或與家人一起用），早餐後還能看報紙，好好的上大號。
- 不只是吃早餐，與家人一同吃飯的機會增加許多（尤其是能在家做飯），心情也輕鬆許多。
- 對於「工作時間」的觀念也改了，沒有上、下班或工作、休假的區別，工作及休息時間都更有彈性，且因工作時間及方式能自己主導，所以工作壓力減少許多。

• 我目前在五所大學兼課，每天只有半天的課，另外半天在家備課、
  閱讀，或赴其他演講邀約，還有不少時間與學生約談或聚餐。晚上
  就與家人一起用餐，沒課時就在家中做飯。11 點前上床睡覺，能睡
  足 7 小時，極少熬夜。寒暑假則有很多時間好好寫作、構想偉大的
  志業，或是充分準備下學期的課程及專題演講、有更多時間與家人
  散步及到國外度假。

　　我辭職至今超過十年了，每天過的就是上述理想的生活，其實比以前
專職時更忙，但很從容與充實。偶有感到孤單、枯燥的時候（自由工作者
要耐得住寂寞），但卻有更多積極、有動力的時光。從上班族的觀點而言，
我有些「超時工作」（常在晚上及假日外出演講），但與創業者比較，因
為不算已經鞏固了市場或有足夠的客源，所以還要繼續加油（在「不過勞」
的限度下）。

有些事值得「多花時間」去做

　　我曾試著「寫一封信給一年後的自己」，寫完後看看，覺得自己不想要收到這樣的一封信。因為，我發現關注的人生目標仍是「成功」，而非「快樂」。若成功要犧牲人生的重要事物，例如：好好吃飯、寄賀年卡或謝卡、與朋友聚會、與家人用餐及談心、度假、學習新事物、擔任志工、閱讀、打太極拳、支持與陪伴朋友（含學生）等，是否真的值得？

《理論與人生智慧》

　　艾瑞克森（Eric H. Erickson）提出「心理社會發展論」，將人生發展分為八個階段，「成年中期」約從 35 歲～60 歲，是一生中最具生產力的時光，對工作、休閒活動、教導與照顧他人，以及有意義的義務工作，要積極、創造性的付出。發展得好，會看起來精力充沛（有生產力），發展得不好，會顯得停滯與頹廢。

　　中年人對父母長輩有照顧、關懷的責任，對子女則需提供支持和引導，且要完成一些生命目的，包括家庭、事業，從對自我的關注擴展至關心別人與社會。

　　成熟穩健的成人，可以維持及拓展工作的表現，以獲得更大群體對於自己的肯定。透過與同事、朋友建立的支持網絡，促進個人的價值感、自尊和創造能力。

　　這個時期的「不和諧」，可能造成個人成長的停滯，而不想關心任何人。因為未完成的理想，令人感到遺憾；即將面臨的衰敗與死亡，令人感到害怕和消沉，呈現自我沉溺的情形。

　　許多「要事」值得花費時間「慢活」、「細火慢熬」、「慢功出細活」，我先拋磚引玉，以自己目前的「要事」舉例，希望能讓你聯想到哪些是屬於你的要事、值得多花時間去做？

慢慢進食

　　若與家人起床或出門時間不一致，獨自一人也可以好好享用早餐。為了早上能吃早餐、看報紙及上大號，要固定早起至少二個小時，才能慢慢進食，展開美好的一天。我目前已可做到早上 6 點左右起床，先打完太極拳再進食，未來希望還能再早起半小時。其他用餐也一樣，不要以應付的心態進行。不論食物如何，都不要狼吞虎嚥。

與家人相處

　　與家人「從容」用餐，是件非常幸福的事，能在家中做飯更好（也可一起去買菜、做菜、包餃子），而且要「慢食」，邊吃邊交流整天的活動與心情，珍惜家人的「感情支持」。家人還可一起運動、散步、出遊、慶生，若有共同的嗜好與學習，會有更多話題。尤其是一起出國旅行（特別是自助旅行），家人的合作與交流，會使關係更加親密。

　　如果不住在家中，要怎麼和家人互動？我讀大學時，因為長途電話很貴，所以信件是傳達親情的最佳工具。我的單親爸爸每週至少會寫一封信給我（多則四、五封），爸爸要求我的回信須像寫作業，不能「漏答」，否則要「補寫」。爸爸要我寒暑假時將他寫給我的信帶回，沒想到畢業時，爸爸竟將厚厚一大疊的信裝訂成冊，封面寫著「國立師大四年家書」！

　　後來我也學爸爸的方式每週給兒女寫信，「傳達」我對他們的關懷或討論某些親子意見較不一致的事情。每次寫信約需 30 分鐘，但好處很多，可以理性溝通，避免說氣話而直接衝突。子女看信時也較冷靜，願意考量母親的建議，反思自己的盲點。兒子服兵役時，我仍繼續寫信給他。我也給老公寫信，但不固定，只在有要事需要溝通時才寫。

　　給家人寫信雖然較花時間，但「深思熟慮」後，較能正確傳遞心意。

而今通訊發達，智慧型手機、簡訊、Facebook、Line 等隨時可以溝通，結果反而容易「脫口而出」、「口不擇言」、「已讀不回」、「不讀不回」、「幾乎不讀」，傷害了家人關係。

與朋友聚會

人們常以為一旦建立交情，友誼就會永久持續，但若是一段時間未聯繫，朋友關係將逐漸「疏離」，終至「瓦解」。對朋友要付出時間，至少要打電話關懷與聊天。知道對方有困難，更要主動探望與協助。要維持友誼，最好兩、三個月定期聚會與餐敘一次，最長也不要超過一年。以我當老師的職業來說，幸運的擁有較長的寒暑假，是與朋友彌補關係的最佳時刻。

完成重要或長期的事情

愈是重要的事情，愈要多花時間仔細思考，尤其是考慮當中的風險，千萬不能魯莽行事，特別是會影響別人安危與福祉的事。愈是長期目標，就愈急不得，而要細水長流。例如下列：

A.手寫卡片

每年我都會寄送近二百張賀年卡給師長與朋友，現在更進化為每一張賀卡都是手寫的祝福。雖然很花時間（大概要寫一個月），但期望所有我關心的人都健康快樂，所以很樂意一筆一畫寫下真心的祈禱。

B.為學生解惑

以我目前的年紀，對社會最大的貢獻是經驗「傳承」，多關心及提攜後進。尤其我是個大學老師，除了在學生受教育的最後一哩路陪伴他們，

也要幫他們順利踏上社會的第一哩路。不管在大學階段或剛出社會的頭幾年，學生都會有好多疑惑，需要老師在精神及實質面給予支持與指導。

當學生需要我的意見時，我會立刻拿出我的「時間管理表」，用課餘時間與學生約談。未畢業的學生約在教授休息室或學校餐廳吃飯、談心，已畢業的學生就約到家裡或外面的咖啡廳（其實未畢業的學生也常來我家吃飯）。我很感謝不少大學準備了教授休息室，讓兼任教授有個師生交談舒適與隱密的空間。我也感激同為教職的丈夫，能體諒我常帶學生到家裡坐坐；一坐就是一整天，包含供應三餐，我的恩師賈馥茗教授以前就是這樣對待學生的。

C.進行體驗式課程

一般大學的課程安排為每週在教室上課 2 小時，近幾年來，我開始設計「體驗式課程」。授課大綱上寫的是兩週 4 小時，實際上卻可能要好幾天、十幾個小時。已辦過的活動，較簡單的如：邀請有經驗者或學者專家現身說法、座談會、辦理跨校合作的辯論比賽、帶學生到附近學校及機構參訪。

較複雜的如：帶教育系及師資培育的學生到偏遠鄉鎮，體驗不同學校與地區的教育活動，了解豐富的原住民文化。2015 年已進行兩次，一次是去台東布農部落與池上國中，一次去屏東南榮國中、霧台國小的勵古百合分校及三地門（魯凱族與排灣族），2015 年底還要去嘉義阿里山的十字國小及鄒族部落。

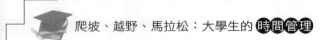

建立人脈，加強溝通能力與技巧

千萬別認為人際交往是浪費時間，社交活動的好處太多了，如下幾項。

A.多認識各領域的新朋友，避免孤陋寡聞

多認識朋友可以開闊視野、見賢思齊，不論在本系或社團裡，要多與人「主動」交流，例如：打招呼、相約用餐、參與活動（郊遊、聚餐、聯誼、慶生等），才有機會與朋友深入了解。參與活動的次數愈多，愈能認識到各領域的新朋友。若要成為人脈，更要願意付出時間與心力，額外關心及幫助朋友。

B.多向人請教、建立人脈

大學階段若懂得向同學、學長姐、老師多請教，得到他們的指導，學業及謀職必可事半功倍，例如：解決課業困難、成績更上一層樓、進入社會（謀職）前的準備、參加考試的經驗及技巧（研究所、證照考、語文檢定、國考）、出國留學或交換學生的申請、尋找合適的企業實習等。這些事只靠獨自摸索，就成了「獨學而無友，則孤陋而寡聞」（《禮記・學記》），因此確實有「必要」多請教別人。

人脈需要平時經營，才能建立交情；「臨時抱佛腳」顯得過於功利、現實，別人也不願被你「招之即來，揮之即去」的「利用」。「書到用時方恨少」，人脈也是，一定要及早建立關係，需要的時候才有合適的人伸出援手。人脈的意義與活動如下：

- 人脈並非只有知心好友，這樣會過於單薄。
- 與人脈的關係要更親密些。
- 人脈應擴及不同產業、背景及興趣。
- 多結交積極、有獨特性及前瞻性想法的人。
- 第一次見面後要做後續聯絡，每隔一段時間要和他人聯繫。
- 立刻回電或回覆電子郵件，盡量與他人親自會面。

- 經常增加新的人脈。
- 經常幫助你的人脈。
- 願意花時間來維持人脈。
- 經常聚會或聯繫，與朋友維繫長期關係。
- 注重親密關係——家人與情人。

此外，對自己的親人更要用心。我到花蓮演講時，都會提前一天住在小妹淑芳的家，不僅可跟妹妹，還包括與妹夫及他們家的三個孩子一起吃飯及聊天。多相處才會親近，否則親戚關係也會疏離。妹妹到台北演講或開會時，也是如此，其實這也是妹妹「以身作則」教我的，我們三姐妹有機會就會相聚。

C.腦力激盪、激發創意

工作或學業遇到瓶頸，不要獨自摸索，應多向專業人士或有經驗及有智慧的人請教，不僅可節省時間，也能得到正確及最好的意見。因腦力激盪產生智慧的火花，能使工作成果更好，問題的解決更快。我一直相信，下一個朋友一定會更聰明。

D.團隊合作、截長補短

積極來說，每個人只要有一項專長能夠充分發揮，眾志成城的力量一定驚人。消極來說，要留意所結交的朋友是否會浪費你的時間，例如：「群居終日，言不及義，好行小慧，難矣哉」（《論語·衛靈公篇》）。

E.不計較、願意為人付出

對於社團、課業、打工等團體事務，如果你能不自私、不計較（時間與報酬），願意為人付出，也就是「物超所值」，別人一定會欣賞及感激你。你的努力並不會白費，表面上是你幫助別人，實際上卻是累積自己的實力與人脈。

239

《理論與人生智慧》

　　以艾瑞克森（Eric H. Erickson）的心理社會發展論來說，大學到研究所階段屬於「成年早期」（從 17、18 歲～30 歲），是建立家庭、獲得親密感、避免孤獨感的時候。「親密」的社會意義，是能與他人同甘共苦、相互關懷，在危急情況下會發展出一種互相承擔義務的感情，它是在共同完成任務的過程中建立起來的。

　　一個人不能與他人分享快樂與痛苦，不能與他人進行思想情感的交流，不相互關心與幫助，就會陷入孤獨寂寞的苦惱情境之中。

　　親密關係的範圍包含愛情、婚姻、家庭、親子和友誼等，著重在和他人分享心靈的自我。成年人開始過著「有伴」的生活，形成穩定的兩性關係，建立一個新的家庭。此一家庭正是供給個體更進一步統整人格特質及生活形態的場所。

　　夫妻之間如果有一方獨立性不夠、信任感不足，很容易造成另一方過重的負擔或需求不滿足。親子關係更是一個容易產生衝突的層面，如果父母未能健全地經歷早期的發展，就不易體會不同年齡的孩子正經歷的發展需求和危機，自然就無法提供適切的協助。

　　缺乏自信心、安全感或自卑感重的人，無法在依賴他人和獨立自主上取得平衡，對外在環境也會有較多的猜疑，與他人交往更無法維持一個恆久而深層的關係，而容易形成孤獨和疏離的感覺。

《校園記者：佳惠》

　　大學生活千百種，有人辦營隊，有人忙打工，有人談戀愛，也有人宅在宿舍。相信你我身旁，一定存在著像小雨這樣「孤獨」的人。

　　小雨是政治系的學生，生性害羞、不善與人相處，在團體時經常落單，讀書、吃飯也幾乎是一個人。這種狀況在其國高中時還不明顯，因為班上有三、四十個同學，大部分時間都被升學壓力的「讀書」占據了，因此小雨能用補習及讀書填滿獨處的時間。

　　後來，憑著優異成績升上大學，她對系上琳瑯滿目的活動，一律避之唯恐不及。經常窩在宿舍的她，讀書占滿了小雨的生活。小雨因而拿到書卷獎，同時雙主修「法律」。

　　久而久之，小雨的活動範圍只剩下宿舍、教室和便當店，跟她接觸的人不外乎是室友和班上幾位友善的同學，但也都只聊上一、兩句就結束了。在小雨心中，與繁重的課業相比，跟別人聊天、吃飯，甚至出去玩，都成了浪費時間的行為……。

• 認識人際關係的重要性，調整心態，化被動為主動

　　「花在別人身上的時間要有多少？」

　　首先我們必須釐清人際關係的重要性。俗話說：「在家靠父母，出外靠朋友。」對於許多離鄉背井到異地就學的大學生來說，離開了生活十幾載的家鄉，少了處處替你／妳處理生活大小事務的父母，也沒了認識多年的同學。所以，「朋友」絕對是大學階段甚至是之後的人生，重要而不可或缺的陪伴者。

　　大學與國高中最大的不同在於，國高中的生活幾乎都是別人安排好的，像是套餐、定食。大學生活則像是吃自助餐或buffet，我們必須調整心態，生活不全然只是「讀書」，休閒、交友同等重要。特別是人際經營這個區塊，更需要積極主動，學習與人相處，讓自己活得既快樂又有熱忱。

• 培養、建立良好的人際關係，發展、維持長久的關係

　　人際關係是個看似單純卻複雜無比的互動網絡，小至與父母、兄弟姐妹、好朋友的親密關係，大至與工作上的主管、同事、客戶、國內外其他

公司的合作與競爭關係。如何與人建立良好關係，發展出長久、穩定的情誼，並在各種關係之間取得平衡，便是人生相當重要的功課。

　　大學期間應盡可能地認識不同系所、背景、領域的人，拓展自我視野，學習與不同的人相處。或是結交志同道合的知心好友，一同為共同的喜好、目標而努力。

　　建議大學生不妨從系上活動開始，多認識同學、學長姐、學弟妹等。再參加有興趣的社團或校際活動，從中選擇自己想要的朋友或團體。大一新生應盡可能參加系上所有活動，到了大二、大三，再選擇自己想著力的活動或事物。

● 親情、友情、愛情……我們都該修煉的「人際智慧」

　　有人比喻愛情像太陽般熱烈，友情像月亮般溫柔，親情像星星般遙遠。對於多數大學生而言，愛情、友情、親情的排序也是如此，將愛情、友情排在親情之上。然而，太陽再炙熱亦有日落，月亮再明亮亦有月缺，唯有遙遠的星星，能以微弱卻永久的光芒照耀著你我。

　　回歸到「花在『別人』身上的時間要有多少？」這個問題，首先我們必須認清那個「別人」究竟是誰？雖然大學生活強調友誼的重要，然而血濃於水，親情更是不可忽略的層面，千萬別疏忽了對家人的關心。

　　除了珍惜重要的家人、朋友、情人、師長之外，我們也要具有識人之明，結交真正志同道合、相知相惜的好朋友。對於喜歡占便宜的人，或是會讓你向下沉淪的朋友，應該避免接觸。因為時間寶貴，要花在值得的人身上。

提高人際智能的方法

加強溝通能力與技巧，能讓你得道多助、與人合作愉快。想成為善於溝通的人，具體方法如下：

- 坦承負面情緒，並能適度表達。
- 偶爾的吵架與拌嘴。
- 在學校參加社團活動。
- 與人相處時，能使自己及對方自在。
- 擅長扮演和事佬。
- 自願或經常擔任領袖。
- 樂於採納別人的意見。
- 善於體察朋友、家人或情人的想法與感受。
- 別人有煩惱時，會徵詢你的意見。
- 對於解決衝突，有獨特創新的方法。
- 能對弱勢者伸出援手。

注重睡眠品質，才會精神奕奕

　　熬夜等於向身體借時間，問題是：「我們還得了嗎？」欠睡眠債的結果會影響身心健康，如睡眠研究學者李信達（2014，頁84-85）指出，當晚睡晚起（延遲兩個小時或兩個小時以上）成為習慣，會使睡眠週期紊亂，此稱為「延遲睡眠症候群」。這不僅很難調整過來，而且負面影響極大，例如：夜晚比白天清醒、強迫早睡會睡不著、早起會睡眠不足或睡眠剝奪。其他造成的疾病或危害，例如：憂鬱與焦慮情緒、記憶力差、注意力不集中、頭痛、肥胖、痛風、高血壓、心臟疾病、慢性腎臟病等。失眠或睡眠障礙時，要尋求專科醫師協助，以了解確切原因並及早治療。

《理論與人生智慧》

　　如何擁有良好的睡眠品質？陳欣湄（2014，頁44-45）建議：「每天儘量在同一時間就寢及醒來，這種固定作息模式，能讓身體機制自然而然地配合睡眠做自我調節，對快速進入較深層的睡眠、整晚熟睡，有很大的好處。」陳醫師強調，這個規則從星期一到星期日都不能打破，否則又要重來，因此週休二日也不可熬夜。另外，不要在白天睡覺，因為身體缺乏褪黑激素的分泌，會處在淺眠狀態（頁48）。也不要在床上使用手機或電子產品，除了螢幕的藍光會對眼睛造成傷害外，也會使褪黑激素的分泌減少（頁68）。

　　李信達（2014，頁86-87）指出，要改掉晚睡晚起的習慣，可以每天提早15分鐘起床，夜晚就能提早入睡，以漸進方式重新設定生理時鐘。症狀嚴重者要從限制睡眠下手，即使前一晚很晚睡，第二天仍要早起且白天不能補眠，且要堅持至晚上11點才能上床睡覺。李信達建議，最佳睡眠時間為晚上11點前，因為凌晨12點～清晨4點較容易獲得深層睡眠，需要睡足8小時左右（頁39-40）。

不少大學生因沉迷手機與網路而熬夜，以致於早上起不來，上課遲到甚至曠課，整天精神不佳，不少人對自己熬夜上網缺乏節制而感到懊惱。

有人則是熬夜寫作業，因為宿舍室友你一言我一語的喧擾，讓其無法有安靜的環境讀書或工作，但又不喜歡去圖書館，最後只好等大家睡著後，獨自擁有寧靜的長夜。

《校園記者：芷昀》

我偶爾會因使用手機或看影集而晚睡，但隔日早上有課或有事，就不會如此，以免上課遲到或曠課。但，看影集仍是個很大的誘惑，一集接一集，很容易停不下來，所以就看得比較晚。

有些人因為睡前習慣玩手機，不經意的玩到太晚而使隔天精神不濟，上課時想睡覺。有的人是跟同學打電動打到早上，導致上課都在補眠，或直接不去上課。生活作息紊亂後，即便起床了，仍覺得睡不夠，精神也不好，一週內若有一、兩次，當週的精神就會都不好。

有同學是看影片看得太入迷，一次想要看完結局，看到半夜三、四點，隔天早上九點的課，十點才醒來，到教室也是昏昏沉沉，一直打瞌睡，一整天都無法專心上課。

整體而言，多數人並不會長時間沉迷於手機與網路而熬夜不睡或影響睡眠品質，若有也是偶一為之，但熬夜的後果對隔天影響頗大，這個壞習慣被多數人認為不可取。

睡眠品質也會受到環境影響，一般而言，在宿舍因為室友晚睡，即使他們只開檯燈、動作很輕，還是會受到干擾。

《校園記者：欣學》

我每次睡前都會玩一下手機，有時候會玩得比較久，不知不覺很晚才睡，隔天起床很辛苦，常出現睡不飽的情況。有時也會因趕報告而導致很晚睡覺，我習慣晚上做事，又加上很愛拖延，事情都卡在一起，所以每次的作業都趕在截止日前熬夜做完，隔天精神很差，幾乎都在補眠，睡醒也不覺得精神很好。

晚睡又早起，常常一整天精神不足，上課無法專心，而且身體很不舒服，容易感到寒冷，會比較神經質，一點點事情就容易受到驚嚇，有時還出現內分泌異常，造成更多身體不適。

睡眠品質的好壞會影響隔天的精神，即使睡了很久，若品質不佳，隔天還是會昏昏沉沉。除了環境不能有干擾外，睡前也不能有太多思緒，不能一直使用電子產品。如果不能在固定時間睡覺，很容易打亂生理時鐘，進而損壞身體健康。

正確的午休

無論是上班族還是大學生，大都早上 6、7 點就得起床，到下午 5、6 點才能下班、下課，有時還要加班或課後小組討論，整天在外工作或上課長達 10 個小時以上。如果中間沒有休息，不僅工作效率或上課效果會下降，疲勞也很容易累積，而形成明日的負擔。適度的「午休」就相當需要，但午休並不是睡得愈多愈好。

《理論與人生智慧》

什麼時候午休最適當？台灣睡眠醫學學會理事長、新光醫院睡眠中心主任林嘉謨表示，國內目前為止，並沒有針對上班族的午休狀況做過調查，但多數上班族中午都有小睡片刻的習慣，有午睡的上班族，自覺下午上班的精神比較好，工作效率較高。台北醫學大學附設醫院睡眠中心主任李信謙指出，「午覺」的實際睡眠意義不大，僅可視為個人生理節律的一部分。人類主要深層睡眠時段在夜晚，午覺不是必要的睡眠行為，但對有午休習慣者，適度小睡片刻，的確能幫助體力和精神恢復；但若「刻意午睡」，恐會擾亂生理時鐘，無法有效提振精神。李信達（2014，頁87）指出，午睡以15～20分鐘最佳（可戴眼罩遮光），睡太多反而全身無力、輕微頭痛或不容易叫醒。

台中慈濟醫院睡眠中心主任邱國樑認為，午睡的好處不少，但不建議所有人都養成午睡習慣。上午工作、行程忙碌者，若夜晚無睡眠障礙問題，中午小睡30分鐘可被接受；但夜間失眠、有睡眠障礙，或剛從國外返台有時差者，為提高夜晚的睡眠品質，不建議午睡。

李信謙指出，依照正常人體的生理時鐘，夜晚只要有充足睡眠，就足以應付一日活動所需，中午不需額外午睡。不過，邱國樑說，若前一晚睡太少，加上午飯後血液集中至腸胃道，腦部血流相對不足，不少人午餐後會覺得「愛睏」。美國睡眠醫學會的研究顯示，午睡能讓腦部短暫休息，的確有助提升下午活動的專注力與工作效率。不過李信謙指出，一個完整的睡眠週期需花費90～120分鐘，午睡不同於夜間長時間的熟睡，宜「重質不重量」。

陽明大學睡眠中心及腦科研究所團隊，曾針對大學生與研究生進行睡眠行為研究後發現，適度午睡可使自律神經功能重整。受試者午睡清醒後，對抗壓力的交感神經重新活化，工作、學習效率也跟著提升。

（詳參《長春月刊》第354期、《康健雜誌》第18期）

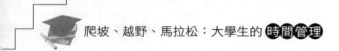

5

養成早起的習慣

　　成功人士大都早起，至少比上班時間提早兩個小時起床。若要練習「早睡早起」，可先從「固定」較早的起床時間開始。如果從前是上午 9 點起床，先練習 8 點半起床，一段時間之後，再往前推至 8 點、7 點半、7 點、6 點半起床。要訓練早起並不容易，但非常值得。早起後，不僅會覺得時間變得較多，且可恢復生活的規律，使身體變好，工作效率穩定，工作成果增多。而且早點起床，萬籟俱寂，是最不受干擾的高效時間。

 ## 《校園記者：佳恩》

　　「早起的鳥兒有蟲吃」，這是從小聽到大的俗語，真的有它的道理。早起的好處很多，如下：

1. 養成早睡早起的習慣：大部分的大學生都過著夜貓子的生活，半夜做報告、看書、看偶像劇、男女朋友約會、與朋友出去玩……。熬夜的結果是隔天爬不起來，早上 8 點的課根本是場夢魘，經常遲到或睡過頭而蹺課；不確定老師有沒有點名、考試，進度落後多少也不知道。因為晚上熬夜，隔天頭昏腦脹，搞得生活一團亂，只好繼續熬夜，花更多時間來補足一整天的進度。如果能養成早起的習慣，就能打破這種惡性循環。提早起床代表你會提早感到疲憊，晚上就可避免熬夜，如此將可完全改變夜貓子的生活型態。

2. 早上效率更高：利用早起的時間工作，將比晚上熬夜的效率更高！熬夜不但對身體不好，在半睡半醒之間做事，效率也極低。加上開電腦做事時，一點進社群網站便會一發不可收拾。因為晚上是大學生上網的高峰期，同學都在網路上活躍，滑一下就會瀏覽很久。打開訊息或社團會發現許多零碎的小事要做，或是和朋友聊天聊到忘我。如果是早上早點起床，在睡飽的情形下，腦袋較清楚，網路上的干擾會減少很多，做起事來效率自然提高。

3. 從容而不匆忙：如果太晚起床，之後匆匆忙忙地梳妝打扮，甚至因為沒時間而犧牲早餐，狼狽地出門，一整天的心情也大受影響。反之，早起就有足夠的時間為一整天的生活做準備，也可以好好將自己梳妝打扮，神清氣爽的給人良好印象。

4. 吃早餐：早餐很重要，現代人常因太晚起床而跳過早餐。好好的吃一頓營養早餐，有益身體健康，有個充滿元氣的開始。早餐的選擇也很重要，如果吃得又油又鹹，對身體依然不健康。如果能早點起床為自己準備一份營養早餐，那是最好的事。

《校園記者：欣學》

我習慣在晚上做事，因為很安靜，而且事情做完後比較能安心睡覺，但這樣通常都會超過半夜12點，隔天很難早起。除非有課或有事，否則還是會睡飽以後才起床。

早起，讓人覺得可用的時間多很多，沒有晚起的罪惡感，心情也會比較好，較有動力做事，能從容安排一天的行程。

早起也是生活規律的前提，若以正常的生理時鐘來說，早起會讓人早睡，形成一個良性循環。大學生多數沒有早起的習慣，曾經想要早起的同學，幾乎都因為「前一晚沒有早睡」，而導致無法早起。探討晚睡的原因，部分同學因晚上有很多活動及網路社交活動（網路聊天），加上還有課業需要完成，讓他們沒辦法早睡。

曾想早起卻失敗的人，除了晚睡的因素外，賴床也是原因之一。賴床可能因為睡眠時數不足、天氣因素，或受同寢室室友也晚起的影響。

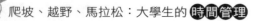

《校園記者：芷昀》

想要早起，相對應是要早點睡覺。沒辦法早睡的原因：第一是鬆散的時間管理，也就是沒讓自己按照時間表走，因為隨意的安排事情，很容易分心及不斷拖延；第二是因為很多大學生都在晚上至凌晨活動，尤其是線上活動（Facebook、Line 等），如果很早（如晚上 11 點）就寢，就會錯過與同儕相處的機會；第三個可能的原因是有些人需要時間與自己獨處，深夜是個很好的時機，也因而晚睡。

因為睡眠時間不夠，自然無法早起。遇到要上課，還能夠勉強起床；若意志力不足，就會出現蹺課、遲到的狀況。假日沒有排定事情時，可能會繼續睡覺，因此一天就比較晚開始，也比較晚結束。

大學生不太會設定早起的目標，通常是隨著課程而提前半個小時～一個小時起床。若有早上 8 點的課，前一天會稍微早睡一些。每天的生活通常是晚睡但不算晚起，不太有改變的動機。

⊕ 早起為時間管理的第一功臣

「早起」是我學習時間管理當中，最「有感」的收穫，例如：撰寫教授升等論文的那一年，在時間緊繃的情況下，我能順利完成升等論文，都是「早起」的功勞。當時我在中國文化大學任教，兼任學生輔導中心主任，每天上午 7 點要出門上班，下午 6 點才回到家。晚上還要照顧讀國中的兒子及幼兒園的女兒（丈夫為職業軍人，長年駐守高雄）。為了找時間寫升等論文，除了利用上班當中的零碎時間及週休二日的「大塊時間」外，最高效的時間，就是每天早起的兩個鐘頭（約 4 點半～6 點半）。

會發現這個時間的奧秘，並非我個人的智慧。最初我也與大多數人一

樣，採用「過勞法」——熬夜來寫作。在睡眠不足的惡性循環之下，工作、論文、照顧家庭等「三輪」，只剩下苦熬的健康勉強撐住。後來有位法師朋友建議我（有修行的人就是不凡），每晚 9 點半就與讀幼兒園的女兒一起睡覺，睡足七小時後，就能早起寫作。早起不僅安靜，而且會覺得時間像自己開採出來的寶石，顯得特別珍貴。

255

6

養成運動的習慣

什麼時間運動最有效？最能持續下去？大學有體育課、運動性社團，另外也可與三五好友在「固定時間」一起運動；若自己單獨運動，就要「習慣成自然」。這是說來簡單做起來困難的事，大學生還很年輕，沒什麼病痛的情況下，沒有迫切需要運動的動機。其實運動的好處多多，不僅可以放鬆身心，而且可使體力更好，專注程度也能更持久。

 ## 《校園記者：芷昀》

我沒有長期運動的習慣，除了大學的四門體育必修課外，我很少運動。即使有，只是走走路或騎單車，強度都不大。

平時沒有運動的原因，一是惰性，常找藉口不運動，例如：很累、沒時間；另一個原因是覺得運動並不有趣，騎腳踏車勉強可以，但跑步、游泳、打球等就很乏味，無法從中獲得樂趣，久而久之就遺忘要運動了。運動的順位通常排得很後面，在時間管理不佳的情況下，更不會想要運動。

我曾在體重需要控制的時候，才想到運動，不過一、兩次覺得很累或很麻煩，又找藉口不運動了。規律的運動很困難，多數大學生嘗試過養成運動習慣，但都因無法持續而放棄。因為有太多事情要忙，不喜歡流汗的感覺，或沒人陪伴一起運動，覺得運動不是非要不可的事，所以把運動放一邊，等事情處理完或有空再去運動。

少數人有維持運動的習慣，有的人利用體育課選擇自己喜歡的運動，有人則在一天上完課之後，藉由跑步放空或放鬆自己，留一些不用思考的時間，也把運動當作結束忙碌一天的儀式。

《校園記者：欣學》

　　我曾固定每週二～三天晚上打桌球，或慢跑操場十圈，但因每次打桌球要花三～四個小時，當事情變多，可分配的時間變少時，就改成有人約了才去打桌球，變成久久才運動一次。

　　養成運動習慣，可以讓精神更好、更能專注做事，讓事情的進行更有效率，也是保持身體健康的重要法則。除了體重的控制外，運動會讓人更有活力，晚上容易入睡，而且體力比較好，可以保持一整天上課都不會感到疲倦。如果沒有運動，到了中午就需要午睡，否則下午的課就無法專心。

　　平日養成鍛鍊身體的習慣，才能真正儲備好體力，增強對疾病的免疫力或抵抗力。愈活動就愈容易活動起來，反之則愈覺得運動很困難（懶得動）。對身體健康的人來說，運動的益處好像不及要付出的代價，例如：運動需要不少時間（前後至少一個小時）、身體的辛苦與疲累（肌肉痠痛、氣喘吁吁）、流汗與黏膩感、運動前後的熱身及沐浴、尋找適合的場地與夥伴等。衡量付出與回收之後，多半人會自動放棄運動。

不要到不得不動時，才運動

　　的確，運動的效益並非那麼容易看見或達成。我們很羨慕有人「多年運動」後一眼可見健美身材與神采奕奕，「羅馬不是一天造成的」，有多少人能不因參加比賽或減重、體能訓練等特定目的，而每天自動的運動呢？尤其是大學生，因為有足夠的健康本錢，又有許多玩樂的誘惑或忙碌當藉口，距離運動就愈來愈遠了。

　　其實，年輕人也非自己想像的是「無敵鐵金剛」，不運動、睡眠不足加上飲食不當，悄悄的內耗體能，表現出來的是容易疲倦、注意力不集中，

再嚴重一些即易怒、不耐煩、悲觀、創意枯竭等。年輕時還是不要掉以輕心，以免日後身體向你討債。若誠心願意培養運動的習慣，日久見人心，你會比同齡者更有活力、更有耐心、更有生產力。如同諾貝爾和平獎得主達賴喇嘛十四世所說：「想知道過去你做了什麼，看看你現在的身體就知道；想知道未來你會發生什麼事，看看現在你的心在做什麼就知道。」

我在年輕時也仗勢身體好，並不認真運動。讀研究所時開始覺得天天沒睡飽，一大早就很累。若剛好沒事，不小心在桌上趴一會兒，再醒來可能是一、兩個小時以後了。午睡也是睡再多也不夠，可見當時體力有多差！再回想大學階段也好不到哪裡，在圖書館閱覽室讀書時，趴下來睡覺的人此起彼落。要不是當時住校管理森嚴，讓學生睡足七小時，「弱雞」一定更多。

我從 20 多歲就「眾裡尋他千百度」，想找到既有趣又輕鬆而且效果顯著的運動，舉凡爬山、跑步、騎腳踏車、游泳、練瑜珈等都嘗試過，但都克服不了惰性而未真正養成運動的習慣。幸好遇到目前教我太極拳的李老師，因為她的「教不厭，誨不倦」，還有兩位認真的同門裘老師與劉大哥互相砥礪，才又持續運動下去。

希望你也能「不放棄」培養運動的習慣，在大學階段要找到合適的運動場地，以及一起運動的良師益友並不困難。若能搭配早起而在清晨運動，效果更好。運動及早起這兩件好事，可以相輔相成、相得益彰。

7

養成學習的習慣

大學階段的教育方式，比起中小學更活潑、多樣化，而且具有主動性、選擇性。不像中學以前，幾乎都是正式課程，很少課外活動。大學階段的非正式課程，在型態及成果上，不比正式課程遜色。大學的正式學習，例如：選課（含跨校選修）、雙學位、輔系、學程、交換學生、企業實習、外國語言、專業證照的準備等；非正式學習，例如：參與社團、策劃或舉辦大型活動、參加比賽、打工遊學、聽演講、各種有興趣的才藝與知識課程、與學長姐或同學的討論等。這些學習都需要時間，也值得多安排時間。

《理論與人生智慧》

富蘭克林的 13 個品德：

1. 節制（Temperance）：不暴飲暴食。

2. 寡言（Silence）：少說話，不說無關緊要的話。

3. 規矩（Order）：做事有章法。

4. 決心（Resolution）：不折不扣地實現計畫。

5. 勤儉（Frugality）：從不浪費。

6. 勤奮（Industry）：做重要的事情，別做無關緊要的事情。

7. 真誠（Sincerity）：不管說話還是做事，都要光明磊落。

8. 公正（Justice）：不傷害任何人。

9. 中庸（Moderation）：凡事別過頭。

10. 整潔（Cleanliness）：把自己和自己的家收拾得乾淨些。

11. 鎮靜（Tranquility）：不要為雞毛蒜皮的事費神。

12. 貞潔（Chastity）：性生活不要過度。

13. 謙卑（Humility）：以蘇格拉底為榜樣。

證嚴法師說：「心地再好，嘴巴、脾氣不好，仍不算好人。」

前台灣大學校長李嗣涔說：「你的態度決定你未來的高度，要謙虛、敬業、不諉過、守時、處處為人著想。」

262

　　《Cheers》雜誌「3000 大企業決策者最愛大學畢業生」調查，由 8 項指標組成，包含：專業知識與技術、穩定度與抗壓性、解決問題能力、團隊合作、學習意願與可塑性、國際觀與外語能力、創新能力、融會貫通。不論名校、非名校的畢業生，要在工作中升遷，就要有「自學的本事」。學校教的永遠趕不上最新科技發展所帶來的工作轉變與產業轉換，名校學生在本職學能上或許技高一籌，但有沒有心持續學習，與學歷並無直接關係。大學四年是自我學習最寶貴的時光，找到自我學習的熱情，才是未來最核心的競爭力！

　　2012 年 3 月 20 日，台積電董事長張忠謀應邀到輔仁大學演講「我如何看待大學教育」，他說念大學的第一要務是學習謀生技能，其次要培養邏輯思考的能力，第三是養成終身學習的習慣。張忠謀以自己為例，他在哈佛大學念了一年，是「一生至今最為興奮、學習最多的一年」，雖沒學到多少專業技能，卻養成了文學、音樂、看新聞雜誌的興趣，讓他一生受用無窮。

　　張忠謀建議大學生多閱讀，且要一邊讀一邊想，養成批判、獨立思考的能力。他勉勵大學生，有機會要多聽有經驗的人演講，分享人生智慧。另外，同學間的互相學習，更勝過課堂中的知識。

為自己排課

　　學習要依照自我的認識與需要，或者是加強自己的弱點，或者是發揮自己的亮點。為自己排課的範圍包括：

- 正式的學習不僅是專業課程，通識課程一樣重要，可以涉獵更多，培養廣泛的興趣。
- 到圖書館借閱書籍（或網路資料庫），是大學階段學習最方便及誘

人之處。老師再怎麼教學，都不及自己到圖書館多方補充及深入閱讀的功效。

• 大學校園還有許多沒有學分的課程，多前往心理諮商中心、職涯或生涯發展中心、學習資源中心、就業輔導組、課外活動組等，就有許多免費的課程等你「挖寶」。

• 不要忽略四處張貼的海報，社團舉辦的活動也有許多黃金屋與顏如玉。

　　大學還有許多「主動學習」或「自我學習」的部分，例如：擔任學會或社團的活動總召、負責人、重要幹部，遇到要舉辦大型活動或營隊時，會比一般大學生忙碌。但這樣的付出卻可成長許多，例如：

• 學習領導與溝通。
• 學習在職場上如何與人互動（尤其是與長輩或主管）。
• 撰寫舉辦活動的計畫書、計畫的執行與修正。
• 經由危機處理及活動檢討，學到更周延的思慮及更負責任的態度。

　　若想出國當交換學生，從爭取這個機會起，在甄選、成行、回國一連串的過程中，都會留下極其鮮明的記憶，因為所有的認知與感官都「全面啟動」。

開放心胸，讓好點子源源不絕

「苟日新，日日新，又日新」（《禮記‧大學》」）、「精益求精」（《論語‧學而》），好點子或創意靠不斷思索所累積。不論現在的課業或將來的創業，都需要依賴好點子。如何開放心胸，讓好點子源源不絕？

 ## 《校園記者：佳惠》

想在大學時期學習一項樂器的志豪，加入學校一個歷史悠久的音樂性社團，開始接觸國樂。由於社員只有十來位，所以每位社員都要擔任社團幹部，共同分擔社務。

社團人數雖少，但前幾屆學長姐所建立的活動與運作制度卻十分繁多。不僅要舉辦寒暑假營隊、準備一年一度的公演，平時更有大大小小的幹部例會、公演籌備會、檢討會……。志豪發現社團始終依循慣例辦活動，即使這些作法能讓活動辦得更加細膩，也能在社團評鑑上擁有亮眼的成果，但志豪還是不禁思考，在幹部短少的情況下，是不是能刪減一些如開會等繁文縟節？

•培養「想要變得更好」的想法

國高中階段的教育，偏向填鴨、背誦、考試的學習模式，使得許多學生養成被動、不思考，凡事等人吩咐說明、依照他人指示行事的習慣。帶著這樣被動的態度，面對自主的大學生活，是件危險的事。對事物漫不經心、不去思考其優劣或改進的方法，久而久之將使自己或所在的團體變得僵化與退步。因此，應該化被動為主動，培養「想要變得更好」的想法，積極改進生活中有待改善的事物。如此一來，相信將會有意想不到的收穫。

•「二要二不」讓好點子源源不斷

如何讓好點子源源不絕，解決目前的問題呢？以下提供「二不」與「二

要」，讓你／妳面對問題不再毫無頭緒、束手無策。

1. **不要只是批評**：發現問題時，要思索如何突破困境、解決問題。危機就是轉機，世界上很難有完美無瑕的事情，當發現某件事物的缺陷時，別僅僅指出問題卻沒提出改善或解決的方案。若真遇到處理不來的事，應該尋求協助，讓有能力的人來解決，或大家一同腦力激盪。

2. **不要只按照以往的「慣性」、「經驗」去看待和處理事情**：大數據時代的來臨，針對所販售的商品，許多企業紛紛拋棄過往的銷售經驗，改採依照數據資料分析的結果，提供客戶需要的產品。在面對生活中的大小事物，也應採取這樣客觀的態度，以避免受限於刻板印象或先前的經驗。應廣納意見、眾採資料，從中找出最合適的方案。

3. **要運用「創意」解決問題**：創意指的是新意與巧思，運用在解決問題上，可能是一套更有效率的做事方法，或是跳脫窠臼，創造更多益處的合作方案等，能針對問題來改善現況。

4. **要將創意與現實結合**：讓漫無邊際、天馬行空的想像，像降落傘一樣，落到現實的地面上。好點子的關鍵，在於它能跳脫尋常的框架，解決實際的問題。也就是說，好點子光有創意還不夠，更要與生活的現實面結合，落實在生活中來解決問題。

• 打造自己的「黃金模式」與「拿手絕活」，讓自己對每件事都有對策

以改善時間管理為例，希望同學能打造自己的「黃金模式」，意即建立「最高效率」的做事方法。就像志豪一樣，他想改變社團開會的模式，建立一套更有效率的方式。依此類推，找到屬於自己讀書的一套方法、一個讓自己專心工作的地點，慢慢培養自己的「拿手絕活」，也就是自身擅長的事物。

「知己知彼，百戰不殆」（《孫子・謀攻篇》）。若有想要變得更好

的心態，在做每一件事情時，就會想到「怎麼做比較有效率？」或「怎麼做效果更好？」，漸漸找到自己做事的「黃金模式」與擅長的「拿手絕活」，如此一來，對於較不擅長、不在「黃金模式」範圍內的事物，便能有所自覺，而運用不同的策略因應。好比不擅長美工的志豪，便不會選擇社團的美宣工作，萬一被分配到製作海報的工作，他也能盡早準備或尋求能人的幫助。

如何使胸襟更開闊、思考更靈活？管道如下：

- 多閱讀。
- 多向老師請教。
- 多與同學討論。
- 多聽演講。
- 請求別人指出自己的盲點。
- 不要抗拒批評或反對的意見。

由此可知，所謂「好點子」不僅是獨自的創造思考，更需要多與外界的人、事、物接觸，才能擴充自己的視野。尤其是要多請教有經驗的人或虛心接受別人的批評與建議。

不要害怕失敗，這也是自我突破的絕佳機會。只要勇於面對挫折，看出自己的盲點或再精進相關的知能，一定能使好點子與工作成效「相輔相成」。

總之，千萬不要自我封閉、固執己見、自尊過強、禁不起挫敗，這會讓你江郎才盡、走進死胡同。

9

多元化的生涯發展

　　人生目標會帶領或影響生活型態，我的生涯抉擇一直都照著目標走，雖然是一條與多數人不太相同的道路，但至今我從未後悔過。當年讀台灣師範大學時，還是公費學校，畢業即可分發至國中當老師。後來在台北市的國中教書，原打算邊教書、邊在職進修碩、博士學位。報考研究所時，因一時疏忽，未先向教育局報准，所以考取後必須休學一年才能以「在職進修」的身分讀書。我不願意再等一年，毫不猶豫的辭去了教職，選擇以「全時學生」的身分讀研究所，以「兼職」方式賺取生活所需（當時已結婚）。

選擇自己的生涯道路

　　讀博士班時，教授幫我介紹國立大學的教職，我卻以學業及照顧幼兒為優先的理由，放棄了很好的工作。拿到博士學位後，我開始「謀職」，因為執著於自己想做的事，雖然一直沒有正職也不心慌。拿到博士學位的第四年，我才到中國文化大學專任，之後再到世新大學專任。至 2004 年辭去工作為止，專職的時間只有十年。辭職之前，我問了父親的意見，他說：「這是你的選擇，忠於自己的選擇，別人無法改變你的選擇。」

　　我的就業之路從「兼職」、「多職」到「專職」，然後又回到「兼職」與「多職」。我的「多職」包括教學、專題演講及寫作，目前在五所大學兼任，每個月有 15 場講座，每年出版 2～3 本書（目前已出版 63 本）。還有很多時間可以從事休閒與運動，與家人共餐及相處更是不可或缺，也更積極的籌畫終身的教育志業。

　　許多人聽我辭去專職，都認為很有勇氣、放得下，但也不免為我擔心，覺得還是有專職比較好。其實，兼職與多職不等於「失業」，只是工作的型態不同。我知道自己這樣做是理智的抉擇，而且很適合我，並非隨興、冒險及嘗試錯誤。當然這與一般人工作到退休，然後有一筆或按月的退休金可領之生活型態截然不同。在成為自由工作者之後，我不再有所謂的「退

休」，自然也沒有退休金。這對需要保障的人來說，會非常沒有安全感。但我的安全感來自我知道自己想做什麼、要做什麼、能做什麼，這樣的工作方式我覺得很踏實。

培養更多興趣、更多專長

有些年輕人會說，想做自己有興趣的事，但因家人反對或覺得自己還沒準備好，遲遲沒有展開行動。其實這些都是藉口，若自己無法信任自己的選擇，自然不能以充分的理由說服家人，當然更無法篤定地「向前行，什麼都不怕」，反而會很害怕聽到別人的反對聲浪，打擊到自己「脆弱」的信心。所以，光有興趣不夠，還要培養這方面的才能，而且要一直精進到無懈可擊的地步。你當然可以做自己想做的事，但得同時學習做這些事的才能。唯有不斷精進才能，才是你繼續走下去的依靠。

「雞蛋不要放在同一個籃子裡」，同樣的，你也不能只依靠一個才能，以為可以走一輩子而不被淘汰。擴充你的興趣，多充實幾項技能，朝「科際整合」或「多職發展」方向邁進。除了大學階段可修習兩個主修加兩個副修之外，在社團或打工方面也可培養成為第二、第三專長。之後讀研究所，還可擴充其他相關領域的能力。

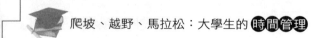

平衡的生活

就像「偏食」一樣，我們也會因偏好某些事情，而放入太多時間，排擠了其他也很重要的事情。當我們「抉擇」做某些事或不做某些事，某些事想多做或某些事想少做的時候，可能會沒料到「後遺症」。因為「過猶不及」，不論「多做」或「少做」，都有害處。就像刷牙時少刷兩下、不用牙線，甚至未定期洗牙，一旦發生蛀牙或牙周病，就得耗時又破財，付出極大的代價。最糟的是，失去了不該失去的東西，沒有把握住或珍惜原有的幸福。

莫「得不償失」

工作狂不僅存在於電影或電視劇中，真實人生也常有人是「工作狂」，每天很晚回家或因出差而經常不在家。雖然賺到了金錢，讓家人可以坐名車、住豪宅，但卻失去了健康與親情，再多的金錢也買不回來。所以，準時下班不只是為了自己，也是為了家人和朋友。「時間」不是「金錢」，時間比金錢寶貴得多，所以能為別人付出時間，才是最大的慈善事業。

大學生也會為了課業與考試，而與運動、休閒、社團或其他人際交往等要事「隔離」，或沉迷於「想要的玩樂或嗜好」（如電腦遊戲、休閒娛樂），而犧牲睡眠、健康、與家人互動。所以，做時間計畫時，要將動態與靜態、理性與感性等不同的工作或活動交替進行，才能讓身體及心靈得到緩衝與休養生息。

工作時，偶爾停下來，離開電腦桌，不管到外面呼吸新鮮空氣、看看美麗的風景，或者跟三五好友聚會聊天，都能幫助你改變一天的心情、平衡你的生活型態。若能去運動、閱讀、看展覽，變動的幅度可能更大。不要因為多休息就感到罪惡感，「休息是為了走更長遠的路」！

走平衡木的技巧

「平衡的生活取決於工作以及私人生活的時間分配」，只要偏向任何一方，就代表已亂了生活該有的秩序。如下列情形：

· 每次都因為工作而必須急急忙忙的赴約或辦理任何事物。
· 總是說話不耐煩，想要快點結束。
· 總覺得非常忙碌與疲憊，卻不知道原因或無法控制。
· 愈來愈少關心別人的舉動（包括自己的家人）。

此時，就該停止及回頭看看，自己是否已經偏離軌道？為了避免「差之毫釐，謬以千里」，應該快點回到正軌。

以工作來說，加班通常是自己的選擇，沒有人逼你。或許，加班讓你在同事眼中，看起來更像個負責的工作夥伴；在老闆眼中，更像個認真上進的員工；在其他人眼中，更像個為自己未來和家庭犧牲奉獻的好人。但這些回饋是真的嗎？就算是，難道就不能讓自己喘口氣嗎？

大學階段已進入人生戰場，你不想競賽或不在乎輸贏，都會有人找你挑戰或挑釁。你不緊張不行，太緊張更不行。要如何保持生活的平衡，唯有自我覺察與自我覺醒。生活不是玩特技或走鋼索，即使高手也沒把握全身而退。生活是走平衡木，沒那麼輕鬆，卻也沒那麼困難，路不寬，但只要清醒的走，就能「完美落地」。

參考文獻

Cheers雜誌（2012）。**2012「3000 大企業決策者最愛大學畢業生」：成大重**
回第一。取自 http://www.cheers.com.tw/article/article.action? id=5030549

吳信如（譯）（2004）。羅塔爾·塞維特（Lothar J. Seiwert）著。**趕的話，**
就慢慢來：新式時間管理 7 步驟（Wenn du es Eilig Hast, Gehe Lang-
sam）。臺北市：時報。

吳若女（2002，7 月 1 日）。20 種活力食物，讓上班族抗老又防癌！**康健**
雜誌，第 44 期。

李信達（2014）。**救命睡眠：睡眠醫學權威教你如何睡出健康的祕訣**。臺
北市：平安。

周佩儀（2014，5 月 14 日）。**趕走壞心情　10 種快樂食物**。取自 http://www.
appledaily.com.tw/appledaily/article/supplement/20140514/35828441/

周啟東、黃玉禎（2009，4 月 17 日）。成功總裁給年輕人的一堂課。**今周**
刊，第 641 期。

林明貞（譯）（2007）。約翰·麥斯威爾（John C. Maxwell）著。**贏在今**
天：掌握成功的 12 個操練（Today Matters: Daily Practices to Guarantee
Tomorrow's Success）。新北市：基督教橄欖文化。

林淑娟（譯）（2007）。法蘭西斯科·德阿達摩（Francesco D'Adamo）
著。**劃破地毯的少年：伊克寶的故事**（Storia di Iqbal）。臺北市：先
覺。

洪慧芳（譯）（2011）。珍·博克（Jane B. Burka）等人著。**拖延心理學**
（Procrastination: Why You Do It, What to Do About It Now）。臺北市：
漫遊者。

張美惠（譯）（2011）。湯姆·雷斯（Tom Rath）、唐諾·克里夫頓（Donald O. Clifton）著。你的桶子有多滿？（How Full is Your Bucket: Positive Strategies for Work and Life）。臺北市：商周。

陳欣湄（2014）。史上第一本睡好覺：掌握黃金熟眠 **90** 分鐘，不用 **7** 小時就能全面修復身體功能。新北市：台灣廣廈。

陳美瑛（譯）（2011）。古川武士著。改變人生的持續術（30 日で人生を變える「続ける」習慣）。臺北市：商周。

陳琇玲（譯）（2005）。彼得・杜拉克（Peter F. Drucker）著。杜拉克精選個人篇（The Essential Drucker on Individual）。臺北市：天下。

陳智華（2015，8 月 11 日）。近五萬人延畢，男比女還多。聯合報，**B** 版。

陳韻涵（2015，9 月 6 日）。23 個徵兆，測出你和手機有多親密。聯合報，**P2**。

馮靖惠（2015a，7 月 25 日）。99 ％大學生黏網，7 成上網看新聞。聯合報，**A12** 版。

馮靖惠（2015b，8 月 16 日）。律師愛旅遊　英語導遊、領隊雙榜。聯合報，**B** 版。

楊　洋（譯）（2010）。費格思・奧康奈爾（Fergus O'Connell）著。其實你做太多了：實踐 **3** 守則，讓你周休三日也能使命必達（Work Less, Achieve More: Great Ideas to Get Your Life Back）。臺北市：天下。

楊昭瑾（2014，6 月 9 日）。數學 **2** 分變 **96** 分 富二代堅持當老師，扭轉偏鄉孩子命運。取自 http://blog.cw.com.tw/blog/profile/213/article/1154

楊惠君（2015，9 月 4 日）。張忠謀：**20** 歲到 **84** 歲 天天養生 **5** 絕招。取自 http://udn.com/news/story/7015/1164639-張忠謀：20 歲到 84 歲-天天養生 5 絕招

歐陽端端（譯）（2013）。丹尼爾・高曼（Daniel Goleman）著。情緒競爭力 **UP**：**15** 個線索，讓你把事情做完、做對、做好（The Brain and Emotional Intelligence）。臺北市：時報。

顧淑馨（譯）（2005）。史帝芬・柯維（Stephen R. Covey）著。與成功有

約：高效能人士的七個習慣（The 7 Habits of Highly Effective People: Restoring the Character Ethic）。臺北市：天下。

顧淑馨（譯）（2014）。史帝芬・柯維（Stephen R. Covey）著。與成功有約：高效能人士的七個習慣（The 7 Habits of Highly Effective People: Restoring the Character Ethic）（第八版）。臺北市：天下。

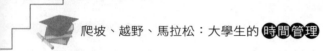

建議延伸閱讀

李牧華（譯）（2001）。尼娜・泰西（Nina Tassi）著。克服時間的壓力
　　（Urgency Addiction）。臺北市：健行。

李曉妃（譯）（2009）。臼井由妃著。**3 天搞定一周工作：東京女社長的超
　　強時間管理法**。新北市：世茂。

邱香凝（譯）（2012）。古川武士著。找到想做的事，擁有無悔人生（「や
　　りたいこと」が見つかる 3 つの習慣：人生を絕對に後悔しない）。
　　臺北市：商周。

陳圓心（譯）（2014）。馬克・伍茲（Mark Woods）著。**其實，你不是沒
　　有時間**（Attack Your Day）。臺北市：沐風。

黑川康正（1989）。**事半功倍**。臺北市：上硯。

黑川康正（1991）。**科學化時間活用法**。臺北市：世茂。

楊明綺（譯）（1995）。金田博之著。**善用黃金 29 歲，決定未來三十年活
　　得更好**。臺北市：春光。

楊明綺（譯）（2011）。水口和彥著。**用 3 小時完成一天的事：成功率
　　100%的時間分配術**（たったこれだけのことで：仕事力が 3 倍アップ
　　する時間活用法）。臺北市：文經社。

楊欣潔（2012，12 月 17 日）。十大死因 6 成與生活習慣差有關。**聯合報，
　　A8 版**。

詹慕如（2013）。手塚千砂子著。**讚美日記：日本最受歡迎的生命課程**（ほ
　　め日記自分新發見：自分で自分を大切に）。臺北市：方智。

廖建容（譯）（2012）。湯瑪斯・摩爾（Thomas Moore）著。**這輩子，我**

最想做的事（A Life at Work: The Joy of Discovering What You Were Born to Do）。新北市：李茲。

鄭煥昇、蜜雪兒（譯）（2010）。羅賓‧夏瑪（Robin Sharma）著。死時誰為你哭泣：**101** 則以終為始的人生智慧（Who Will Cry When You Die: Life Lessons From the Monk Who Sold His Ferrari）。新北市：李茲。

賴雅靜（譯）（2012）。羅塔爾‧塞維特（Lothar J. Seiwert）著。簡化時間，讓你更自由：跟「沒時間」、「趕時間」的煩惱說掰掰，輕鬆工作，享受人生（Simplify Your Time）。臺北市：平安。

NOTE

年　　月　　日（星期　　）

6：00	15：00
7：00	16：00
8：00	17：00
9：00	18：00
10：00	19：00
11：00	20：00
12：00	21：00
13：00	22：00
14：00	23：00 ～ 6：00 放鬆及睡眠時間

【今日最重要的事】

....
....
....
....
....
....
....
....
....

【反省的、鼓勵的、幽默的、感動的】

國家圖書館出版品預行編目（CIP）資料

爬坡、越野、馬拉松：大學生的時間管理／
王淑俐著. --初版.-- 新北市：心理, 2015.12
　　面；公分.--（通識教育系列；33035）
　　ISBN 978-986-191-697-2（平裝）

1. 大學生　　2. 時間管理

525.619　　　　　　　　　　　　　　104025150

通識教育系列 33035

爬坡、越野、馬拉松：大學生的時間管理

作　　　者：王淑俐
內文繪圖：胡鈞怡
責任編輯：郭佳玲
總 編 輯：林敬堯
發 行 人：洪有義
出 版 者：心理出版社股份有限公司
地　　　址：231 新北市新店區光明街 288 號 7 樓
電　　　話：(02) 29150566
傳　　　真：(02) 29152928
郵撥帳號：19293172　心理出版社股份有限公司
網　　　址：http://www.psy.com.tw
電子信箱：psychoco@ms15.hinet.net
駐美代表：Lisa Wu（lisawu99@optonline.net）
排 版 者：辰皓國際出版製作有限公司
印 刷 者：辰皓國際出版製作有限公司
初版一刷：2015 年 12 月
Ｉ Ｓ Ｂ Ｎ：978-986-191-697-2
定　　　價：新台幣 300 元